Eine Bildreise

Walter Gröll/Heinz Teufel/Ellert & Richter Verlag

Lüneburger Heide

Autoren/Quellen/Bildnachweis/Impressum

Walter Gröll, geb. 1928, Marketing- und Werbeberater, Mitarbeiter verschiedener Museen und Autor zahlreicher Publikationen zur Kulturgeschichte der Lüneburger Heide.

Heinz Teufel, geb. 1949, Studium an der Fachhochschule für Gestaltung in Kiel. Tätig als Landschaftsgestalter, Bildhauer und Fotograf. Zahlreiche Ausstellungen und Veröffentlichungen, u. a. in „GEO", „Merian" und „Saison". Im Ellert & Richter Verlag sind von ihm folgende Titel lieferbar: „Auf Noldes Spuren", „Sylt", „Noldes Landschaft – Eine Bildreise", „Monets Garten", „Usedom – Eine Bildreise" und „Hiddensee – Eine Bildreise".

Literatur:

Benecke, Otto und Theodor (Hrsg.):
Lüneburger Heimatbuch, Bremen 1914
Dehio, Georg:
Handbuch der deutschen Kunstdenkmäler: Bremen, Niedersachsen; München u. a. 1977
Erler, Gernot und Brüsehoff, Kurt:
Zehn kunstgeschichtliche Exkursionen im Landkreis Soltau-Fallingbostel, Soltau o. J.
Floericke, Kurt:
Entwicklung, Stand und Aussichten der Naturschutzparkbewegung, in: Verein Naturschutzpark (Hrsg.), Naturschutzparke in Deutschland und Österreich/ Ein Mahnwort . . ., Stuttgart 1910
Freudenthal, August:
Heidefahrten, 1. Bd., 2. Auflage, Leipzig 1906
Freudenthal, Friedrich:
Meine Kindheit, 2. Auflage, Rotenburg/Wümme 1981
Friedrich Freudenthal/Eine Auswahl, 2. Auflage, Bleckede o. J.
Gröll, Walter:
Auf alten Heidewegen/Die Entdeckung der Heide zur Zeit der Postkutsche, Hamburg 1979
Häßler, Hans-Jürgen:
Ur- und Frühgeschichte in Niedersachsen, Stuttgart 1991
Hoffmann, Horst und Siegmund, Peter:
Uelzen/Gesicht einer Stadt, Uelzen 1989
Jensen, Jürgen:
Die Entdeckung von Heide und Moor um die Jahrhundertwende, Neumünster 1984
Kelletat, Alfred:
Kirchen und Kapellen im Wendland, Breeser Blätter, Heft 3, Breese im Bruche 1981
Kiendl, Andrea:
Die Lüneburger Heide/Fremdenverkehr und Literatur, Berlin u.a. 1993
Koeppel, Matthias:
Starckdeutsch/Sämtliche Gedichte, 5. Auflage, Tegel u. a. 1981
Körner, Gerhard:
Kunstlandschaft Lüneburger Heide, München und Zürich 1985
Krewerth, Rainer A. (Hrsg.):
Naturraum Moor und Heide, München 1982
Landkreis Soltau (Hrsg.):
Gesicht eines Heidekreises, Soltau 1976
Linde, Richard:
Die Lüneburger Heide, Bielefeld u. a. 1904 und weitere Auflagen bis 1921
Lütkepohl, Manfred und Tönnießen, Jens:
Naturschutzpark Lüneburger Heide, Hamburg 1992
Maier, Konrad:
Die Lüneburger Heide / Kunst und Kultur im ehemaligen Fürstentum Lüneburg, München 1978
Poggendorf, Klaus (Hrsg.):
Das Hannoversche Wendland, 3. Auflage, Lüchow 1985
Ravens, Jürgen Peter:
Vom Bardengau zum Landkreis Lüneburg, 2. Auflage, Lüneburg 1985
Reclams Kunstführer:
Bd. V, 5. Auflage, Stuttgart 1976
Reinecke, Wilhelm:
Lüneburg als Hansestadt, 2. Auflage, Lüneburg 1946
Schilling, Jörg:
Heimatkunstbewegung in Niedersachsen, Rinteln 1986
Territorien-Plötz:
Geschichte des Landes Niedersachsen, 2. Auflage, Würzburg 1973/75
Völksen, Gerd:
Die Lüneburger Heide, Göttingen 1984 (= Veröffentlichungen des niedersächsischen Instituts für Landeskunde und Landesentwicklung an der Universität Göttingen)
Weber, Carl Julius:
Deutschland oder Briefe eines in Deutschland reisenden Deutschen, 3. Auflage, 5. Bd., Stuttgart 1855
Wegewitz, Willi:
Rund um den Kiekeberg/Vorgeschichte einer Landschaft an der Unterelbe, Neumünster 1988 (= Hammaburg N.F. 8)
Witte, Frido:
Plauderei aus einem Heidedorf, Soltau 1966, 2. Auflage 1981
Unveröffentl. Manuskript „Erinnerungen an meine Jugend" im Archiv der Frido-Witte-Stiftung, Museum für das Fürstentum Lüneburg in Lüneburg

Titelabbildung:
Schäfer in Festtagstracht mit seiner Heidschnuckenherde in der Heide bei Schneverdingen

Bildnachweis:
S/W-Abbildungen im Textteil: Sammlung Gröll, Winsen/Luhe
Farbfotos: Heinz Teufel, Eckernförde

Die Deutsche Bibliothek – CIP-Einheitsaufnahme
Lüneburger Heide / Walter Gröll ; Heinz Teufel. – Hamburg : Ellert und Richter, 1994
(Eine Bildreise)
ISBN 3-89234-474-4
NE: Gröll, Walter; Teufel, Heinz

Text und Bildlegenden: Walter Gröll, Winsen/Luhe
Übersetzung ins Englische: Paul Bewicke, Hamburg
Gestaltung: Hartmut Brückner, Bremen
Lektorat: Iris Klein, Hamburg
Lithographie: Peter Appelt Grafik-Design & Fotosatz, Hamburg
Satz: Setzerei C. H. Wäser KG, Bad Segeberg
Karte: Fremdenverkehrsverband Lüneburger Heide e. V., Lüneburg
Druck: Girzig + Gottschalk, Bremen
Bindung: Buchbinderei Büge, Celle

Inhalt

Zwischen Aller und Elbe, Altmark und Stader Geest

Spätentwickler haben es in sich", sagt man. Auf die Lüneburger Heide trifft dies in mehrfacher Hinsicht zu. Denn auch die Vorgeschichtler können nachweisen, daß zwischen Süd- und Nordniedersachsen so etwas wie eine Kulturschwelle gelegen haben muß: Rund tausend Jahre später entwickelte sich nördlich der Aller die Megalithkultur mit seßhaftem Bauerntum, gekennzeichnet durch Großsteingräber und Trichterbecher, um 3 000 v. Chr. entstanden. Kein Zweifel, daß der Vorsprung des Südens inzwischen längst aufgeholt ist. Aber noch um 1900 begründete ein französischer Soziologe seine Studien in der Lüneburger Heide mit der Feststellung, daß diese Gegend mehr als andere Regionen ein Bauernland geblieben sei, das bislang „im Schatten der großen Veränderungen" lag.

Heute wäre leicht nachzuweisen, wie erfolgreich die Heide auch mit dem Tourismus geworden ist und wohlbegründet auf den Status des begehrten Reiseziels und Ferienparadieses pochen kann. Und das nicht nur im August und September jeden Jahres, wenn es in den Kerngebieten die Heideblüte zu bewundern gilt, dieses eigentümliche Schauspiel der Natur. Um alle Schätze des Landes zu erkennen, braucht es jedoch seine Zeit. Der Kunsthistoriker Horst Appuhn hat 1966 auf die „spätentdeckte Kunstlandschaft" aufmerksam gemacht, die viele außerordentliche Schätze bereithält.

Das Gebiet war einst von den Grenzen des alten Fürstentums Lüneburg umschlossen. Die ersten Wanderführer unterteilten es in Zentral-, Nord-, Süd- und Ostheide, letztere bezog das Hannoversche Wendland ein, den heutigen Landkreis Lüchow-Dannenberg. Die moderne naturräumliche Gliederung spricht von Hoher Heide, Luheheide, Ost- und Südheide und vom Uelzener Becken. Diese Landschaft ist eiszeitlich geformt und bildet einen Landrücken zwischen der Stader Geest im Westen und der Altmark im Osten. Von den einst auflastenden Gletschern wurden große Sand-, Geschiebe- und Geröllmassen einschließlich ihrer respektablen „Findlinge" hinterlassen. Schmelzwasser, Regenfluten und Stürme überformten anschließend das Relief mit seinen sanft dahinschwingenden Hügelwellen. Eigentlich fruchtbare Erde boten nur die Flußmarschen und das Uelzener und Bevenser Becken, wo heute die Zuckerrüben gut gedeihen. Die Lüneburger Heide wurde gelegentlich mit einem Mönchskopf verglichen: in der Mitte kahl und ringsherum bewachsen. Ähnlich sah es König Georg II. (reg. 1727–1760) von England, der in Personalunion zugleich Kurfürst von Hannover war: Sein hannoversches Stammland gleiche einem „heidmanchestern Wams mit goldenem Saum". Bodenbeschaffenheit und Klima begünstigten, wie in Schleswig-Holstein und Dänemark, das Entstehen von Heideflächen; bereits für die frühe Bronzezeit um 1500 v. Chr. sind sie nachgewiesen. Um 55 v. Chr. bedeckte „Zwergstrauchheide" schon in merklichem Umfang das nordwestdeutsche Land. Die Menschen lebten von Getreideanbau und Weidebetrieb mit Rindern, Schweinen und Ziegen. „Während der ersten nachchristlichen Jahrhunderte existierten lediglich vereinzelte Siedlungskonzentrationen, die oft nur für begrenzte Zeiträume bestanden... War der Boden erschöpft... wurden neue Flächen in Kultur genommen. Die alten Felder wurden der natürlichen Wiederbewaldung überlassen oder noch einige Jahre als Weide genutzt... Bei länger anhaltender Beweidung breiteten sich Heideflächen (weiter) aus, die jedoch noch nicht die späteren Ausmaße erreichten" (Gerd Völksen). Im Mittelalter kam es teilweise zu großflächigen Rodungen und überhaupt zu konstant bleibender Scheidung von Wald und Feldmark. Großer Holzbedarf, Waldbeweidung und Streunutzung werden für das Zurückdrängen von Baumbeständen und für die Ausdehnung der Heideflächen verantwortlich gemacht. Mit Heidschnuckenhaltung paßte sich der Bauer an die Gegebenheiten an. Denn

In der Heide war die Imkerei ein wichtiger Erwerbszweig. Die im Frühjahr durch „Schwärmen" vermehrten Völker lebten in Körben, die aus Stroh geflochten und mit Lehm verstrichen wurden.

Bee-keeping was once an important industry in the Heath. The colonies, multiplied in spring by "swarming", lived in hives made of woven straw covered with mud.

die Tiere ernährten sich von Besenheide (Calluna vulgaris); jede Schnucke brauchte zwei Morgen „Calluna-Wiese". Die Heidekrautvegetation wurde durch Abbiß, durch Abbrennen und Abplaggen, das heißt durch streifenweises Abhacken der humosen Oberfläche, systematisch verjüngt, ein Erfordernis, das den heutigen Heidepflegern Kopfzerbrechen und hohe Kosten bereitet.

Ein bezeichnendes Merkmal des Landes waren verbreitete und zum Teil bedrohliche Sandverwehungen, die frühen Reiseschriftstellern Vergleiche mit der Wüste nahelegten. Noch um 1900 hatte das Gabainsche „Wanderbuch durch die Lüneburger Heide" einen Spaziergang durch eine „entzückende Dünenlandschaft" im Repertoire. Sie lag beim Forsthaus Ehrhorn im heutigen Naturschutzpark, ist aber gänzlich überwaldet. Überhaupt: So gepflegt, wie sich die Heide im Schutzpark ausnimmt, dürfte die „Urheide" nicht ausgesehen haben. Für Niedersachsen um 1800 gilt, daß 42 % der Gesamtfläche zur Kategorie „Geringe Weiden, Hutungen, unkultivierte Moore, Öd- und Unland" gehörten. Neben den Zeugnissen der Schriftsteller sind es die Kartenblätter der „Kurhannoverschen Landesaufnahme" vom Ende des 18. Jahrhunderts, die eine eindrucksvolle Vorstellung von der damaligen Übermächtigkeit der Heide vermitteln. Nachdrucke davon sind bei den Katasterämtern erhältlich und können maßstäblich genau mit den Meßtischblättern 1:25 000 verglichen werden.

Die „Heidbauernwirtschaft" beruhte hauptsächlich auf dem Anbau von Winterroggen auf verhältnismäßig kleinen Flächen und auf ausgedehnter Viehhaltung (Heidschnucken, Rinder und später zunehmend auch Schweine). Daneben spielte die Honiggewinnung eine große Rolle. Die Heide-Imker galten als die handgewandtesten Imker der Welt, die den meisten Honig ernteten. Heide-Honig zeichnet sich durch hohe Geschmacksqualität aus. Man betrieb früher die sogenannte Schwarmbienenzucht, das heißt, der Imker vermehrte seine Völker durch Einfangen der mit einer Königin abschwärmenden Bienen.

Der Frühjahrs- und Sommerhonig diente der Ernährung der Bienen und der Steigerung ihrer Schwarmlust. Die Spättracht, von der Heideblüte gewonnen, war die eigentliche Ernte. Weil Frühjahr und Sommer in der

Ein birkengesäumter Weg durch Wacholderheide nach einer Aufnahme von Louis Voss (1869–1935): Die Bäume sollten nicht die Anmutung einer Allee hervorrufen, sondern in der Dunkelheit und bei hohem Schnee den Wegeverlauf besser erkennen lassen.

A birch-fringed lane through juniper-covered heath as photographed by Louis Voss (1869–1935). The trees were not there to evoke the elegance of an avenue, but to enable the track to be picked out more easily in the dark or in deep snow.

Heide wenig Nektar boten, verfrachtete man die Völker in den aus Roggenstroh geflochtenen Körben auf Wagen „ins Geblüm", nämlich dorthin, wo gerade Obstbäume oder Wiesen blühten. Auch die jetzt im Naturschutzpark stehenden überdachten Gestelle, „Bienenzäune" genannt, werden erst zur Heideblüte mit Völkern beschickt.

Der Blick auf die alte Wirtschaftsweise veranschaulicht die Zusammenhänge in einem Ökosystem von Mensch und Natur. Die Heidschnucken lieferten nicht nur Fleisch und Wolle, sie trugen beim Weiden auch zur Verjüngung des Heidekrauts bei, das sonst nach ein paar Jahren verholzt wäre. Gleichzeitig zerrissen sie beim Weidegang Abertausende von Spinnweben des Altweibersommers, die den Bienen sehr gefährlich sein konnten. Andererseits lieferten die Schnucken auch den Dung, um die Äcker fruchtbar zu halten. Er wurde im Stall durch Einstreu mit gemähtem Heidekraut oder abgeplaggten Soden gewonnen. Als Lücke im System erwies sich allerdings die Winterfütterung des Viehs, denn Wiesen waren knapp und somit auch Heu. So konnte es wohl sein, daß die Tiere am Ausgang des Winters bis auf Haut und Knochen abgemagert waren. Dreifelderwirtschaft mit Fruchtwechsel war nicht üblich: Der gleiche Acker trug, so lange es ging, immer die gleiche Saat, den Roggen. Nicht zu vergessen ist der Buchweizenanbau. Grütze oder Klöße davon gehörten zum Alltag der Ernährung, wie heute der zur Torte sublimierte Buchweizen zum geläufigen Angebot der Heidegastronomie. Dem soll als Empfehlung auch der Heidschnuckenbraten zur Seite gestellt werden, eine besondere Delikatesse mit seinem an Wildfleisch erinnernden Geschmack.

Alte Anschauungstafeln für den Schulunterricht, die so etwas wie eine Ikonographie der Heidelandschaft bieten, zeigen Heide auf langgestreckten Hügelwellen, das Großsteingrab, den Wacholderbusch, die Schafherde wie auch den Bienenzaun und selbstverständlich dazu das von Eichen umgebene und strohgedeckte „Niederdeutsche Hallenhaus". Besucher der Heide haben in alter Zeit manchmal mit Staunen vermerkt, daß hier Mensch und Tier unter einem Dach leben. Wie es innen aussah, wie Speck und Schinken zum Räuchern an der Decke hingen und wie sich das Wohnen dort gestaltete, davon geben die Originalhäuser in den Freilichtmuseen einen Eindruck. Die dort bei Führungen am häufigsten gestellte Frage lautet: „Was bedeuten die Pfer-

Typisch für die Heide sind die Hügel, das Niederdeutsche Hallenhaus, Bienenstand und Schäferkarren, das Großsteingrab mit Wacholderstrauch, die Heidschnucken und das Heidekraut.

Typical hallmarks of the Heath: the hills, the Low German house built around one large hall, the bee hive and the shepherd's wagon, the megalithic grave with the juniper bush, the moorland sheep and the heather.

deköpfe auf dem Dachfirst?" Diese Frage entbehrt nicht der Aktualität, denn die überkreuz stehenden Pferdeköpfe sind seit einigen Jahren in heftiger Ausbreitung begriffen und zieren inzwischen nicht nur Bauernhäuser jeden Alters, sondern auch Garagen, Gartenhütten, Häuserwände, Gasthausschilder, Wartehäuschen, Briefkästen, Zeitungsanzeigen und anderes mehr.

Die Veröffentlichungen darüber sind zahlreich, und doch wird die Herkunft dieses Motivs nur ansatzweise erkennbar. Fest steht, daß man keine ältere Stammeszugehörigkeit damit verbinden kann, was lange gemutmaßt wurde. Die Pferdeköpfe deuteten nicht auf den Stamm der Sachsen hin, sondern kamen auch in anderen Teilen Deutschlands und überall in Europa vor, doch nicht in altsächsischen Regionen wie Dänemark und England. Ebenso sicher ist, daß den entweder nach innen oder nach außen gerichteten Pferdeköpfen keine unterschiedliche Bedeutung zukommt, sondern daß die Ausrichtung ganz einfach auf die jeweils üblichen Schablonen der Tischler oder Zimmerleute zurückzuführen ist.

Jacob Grimm (1785–1863) hat die Pferdeköpfe 1835 in seiner „Deutschen Mythologie" zum Thema der Volkskunde erhoben. Er mag darin recht behalten, daß der Brauch weit zurückreicht und mit dem heidnischen Glauben zusammenhängt. Tatsächlich befindet sich eine frühe Darstellung von Fachwerkbauten mit Tierkopfgiebeln aus der Zeit vor Christus in Italien, und ähnliche Beispiele liefert die frühmittelalterliche Buchmalerei bei der Darstellung von Begebenheiten im Heiligen Land. Tierköpfe waren dabei nur eine von weiteren Formen der Dachgiebelzier. Bei der Aushebung des Königsgrabes von Okstadt (um 850 n. Chr.) in Norwegen fand man ein Zeltgestänge, dessen Enden geschnitzte Pferdeköpfe trugen. Man kann auch auf mittelalterlichen Gemälden in Kirchen und Museen Pferdeköpfe und ähnliche Giebelzier finden.

Von den vielen Gedankenspielen um Bedeutung und Zweck dieses Brauches ist eines am überzeugendsten: Es besagt, daß hier eine Form von Abwehrzauber vorliegen könnte. Es gibt Überlieferungen, die darauf hindeuten, daß gegen das Unheil echte Pferdeköpfe auf Stangen und Zäune gesteckt wurden. Solange der Mensch wie im Mittelalter und noch lange Zeit danach an Dämonen glaubte, hielt er es für erforderlich, mit geweihten Kräutern, Neunerleikraut, Räucherungen, Besen, Kreuzschlagen und eben auch mit „Roßköpfen" dämonische Einflüsse abzuwehren.

Der „Totengrund“ im Naturschutzpark ist ein Zeugnis der Eiszeit. Dank eines privaten Geldgebers konnte das Gelände von Pastor Wilhelm Bode im Jahr 1905 angekauft werden. Damit begann der Landschaftsschutz in der Heide. Der 1909 gegründete „Verein Naturschutzpark e. V.“ hat diese Bestrebungen dann in großem Maßstab fortgesetzt.
Der Name „Totengrund“ hat keinerlei historische Grundlage, nie führte ein Totenweg durch den Talkessel. Der romantisierende Name ist diesem imponierenden geologischen Schaustück angedichtet worden.

The Totengrund (burial ground) in the Lüneburg Heath Nature Reserve is a relic of the Ice Age. In 1905 Pastor Wilhelm Bode succeeded in acquiring the land, thanks to the help of a private benefactor. This marked the beginning of countryside conservation in the area. The "Verein Naturschutzpark e. V.", founded in 1909, continued these efforts on a large scale.
The name "burial ground" has no historical foundation, nor was the valley ever a scene of funeral processions. It is simply a poetic invention to add an aura of romanticism to this imposing geological showpiece.

Die unweit der Aller gelegene Wieckenberger Kapelle des Drosten und Generaloberpostmeisters Francesco Capellini, genannt Stechinelli, ist ein Geheimtip für kulturelle Reisen durch die Lüneburger Heide. Die Überraschung ist groß, denn die Fassade der Kapelle ähnelt eher einer Scheunenwand, während sich im Inneren des Gotteshauses die heitere Welt des Barocks entfaltet. Der Altar wird auf das Jahr 1695 datiert. Die Kapelle gehörte zu einem Gut Stechinellis, wie auch ein künstlerisch gestalteter Brunnen, der ebenfalls gut erhalten ist.

Wieckenberg Chapel near the River Aller, once the property of bailiff and postmaster-general Francesco Capellini, known as Stechinelli, is a little-known tip for cultural journeys through the Lüneburg Heath. A great surprise awaits the visitor, for behind the chapel's barn-like exterior a Baroque interior is revealed in all its serene splendour. The altar dates back to 1695. The chapel was on one of Stechinelli's estates, as was an ornate fountain which has also been preserved.

S. SALVATOR
S. PAULUS

Der 1446 errichtete Bau der Heiligen-Geist-Kapelle in Uelzen lag vor dem ehemaligen Lüneburger Tor und war mit einem Rasthaus für wandernde Pilger verbunden. In der Kapelle sind kostbare Glasmalereien von 1420 zu bewundern, die ursprünglich aus der St.-Viti-Kapelle stammen. Sie wiederum war einem Leprosenheim zugeordnet. Die Malereien sind daher thematisch mit dieser Herkunft verbunden. Der Bildausschnitt zeigt eine „Maria der Verkündigung".

The Chapel of the Holy Ghost in Uelzen, built in 1446, stood outside the former Lüneburg Gate and was linked to a resthouse for pilgrims. The precious glass paintings in the chapel, dating back to 1420, were originally in the St Vitus Chapel, which was attached to a home for lepers. The subjects of the paintings reflect their origin. This section depicts an Annunciation scene with the Virgin Mary.

die Gluth verheeret, ersetze dieses Brand. so

Für das Hannoversche Wendland typisches enggestelltes Fachwerk eines Hofgebäudes in dem „Rundling“ Satemin: Im Hof spendet eine Kastanie reichlich Schatten. Der Hausspruch spielt auf die nicht gerade seltenen Brandkatastrophen an. Sie führten in einigen Fällen dazu, daß beim Wiederaufbau die Hufeisenform des Rundlings aufgegeben werden mußte. Statt dessen errichtete man die Häuser zu beiden Seiten eines Straßenzugs, wobei auf relativ großen Abstand der Häuser untereinander geachtet wurde. In Satemin hat sich eine Töpferei mit qualitätvollem Angebot niedergelassen.

The close half-timbering of this building in the traditional "Rundling", or circular village, of Satemin is typical of the Hanoverian Wendland region. A chestnut tree casts its generous shade across the courtyard. The motto over the gate refers to the not infrequent catastrophic fires from which the area suffered. In some cases they were so bad that when the houses were rebuilt the village's traditional horseshoe shape was abandoned. Instead, the houses were erected along both sides of a road, and care was taken to leave relatively large spaces between them. Satemin is now the home of a high-class pottery.

Eine kurze Landesgeschichte

Die Lüneburger Heide ist eines der am schwächsten besiedelten Gebiete Deutschlands, dennoch mangelt es nicht an Funden aus vor- und frühgeschichtlicher Zeit. Atemberaubend muß die Grabung bei Verden an der Aller, am Südwestrand der Heide, gewesen sein, als man in einer Mergelgrube das Skelett eines Waldelefanten freilegte und sah, wie zwischen seinen Rippen eine 2,38 Meter lange Stoßlanze aus Eibenholz steckte. Die weiteren Fundumstände ließen erkennen, daß man das erlegte Tier an Ort und Stelle auch ausgeschlachtet hatte. Das geschah vor etwa 120 000 Jahren und fällt somit in die ältere Altsteinzeit. Auch sonst belegen Faustkeilfunde und Feuersteinabschläge menschliches Leben als „Jäger und Sammler". Auffälliger werden Spuren aus der Jungsteinzeit, als seßhafte Siedler um 3000 v. Chr. ihre Großsteingräber errichteten, die volkstümlich „Hünengräber" genannt werden. Sie gaben vielleicht den Anlaß, über Hünen zu fabulieren und Sagen zu schreiben. Die Gräber waren jedoch so riesig, um mehrere Bestattungen zu ermöglichen. Sie wurden später in großer Zahl „ausgeschlachtet", um Steine für Fundamente oder für Kaimauern beim Hafenbau zu gewinnen. Beispiele in mehr oder weniger vollständigem Erhaltungszustand sind die Sieben Steinhäuser zwischen Ostenholz und Fallingbostel, die Oldendorfer Totenstatt und die Gräber bei Barskamp, Kahlstorf und Klecken.

Heinrich der Löwe ist die große Herrschergestalt des Nordens. Mit rücksichtslosem Zugriff, Gewalt und List baute er seine Machtstellung aus, die ihm am Ende wieder verlorenging. Im Braunschweiger Dom ist er beigesetzt.

Henry the Lion is the outstanding figure amongst the rulers of the North. He resorted to ruthless action, violence and cunning to carve his way to a position of power. However, in the end, he lost it all again. His grave is in Brunswick Cathedral.

Die ausgehende Jungsteinzeit und die sich anschließende Bronzezeit (1800 bis 800 v. Chr.) hinterließen viele Hügelgräber, von denen einige schon damals auf Heideboden entstanden sind. Für die Eisenzeit (ab 800 v. Chr. bis 350 n. Chr.) ist ein „elbgermanischer Kulturverband" erkennbar, der sich den in feuchten Flußniederungen vorhandenen Raseneisenstein zunutze machte: In „Rennöfen" wurde er verhüttet. Hartes Eisen bedeutete Fortschritt und war, im Gegensatz zu Bronze, oft auch am Ort zu gewinnen. Eine Sonderrolle in nachchristlicher Zeit spielte die nördliche Lüneburger Heide mit ihrer alten Bezeichnung als „Bardengau": der Sitz der vermutlich aus Schweden gekommenen Langobarden, die um 500 n. Chr. an der Elbe entlang nach Niederösterreich, Ungarn und zuletzt Oberitalien zogen. Dort fanden sie offenbar ideale Lebensbedingungen und errichteten das lombardische Reich. Im Zuge solcher Völkerwanderungen drangen bis zum 7. Jahrhundert die Sachsen aus dem Norden zu uns vor. Die Sachsenzeit währte nur so lange, bis die Franken die Oberherrschaft erzwangen. Karl der Große ließ mehrfach seine Truppen bis an die Elbe ziehen, um die Sachsen in sein Reich einzugliedern.

Reste eines Kastells auf dem Höhbeck bei Gartow sind karolingischen Ursprungs. Der Burganlage in einer Esteschlinge bei Hollenstedt gesteht man diese Herkunft neuerdings nicht mehr zu. Von langer Dauer war die Macht der Karolinger nicht. Während die sächsischen Liudolfinger von 919–1024 die deutschen Könige stellten, gelang es den Billungern, die Herrschaft im Lüneburgischen an sich zu ziehen. Sie saßen in einer Burg auf dem Kalkberg zu Lüneburg. Als die männliche Linie der zu Herzögen von Sachsen aufgestiegenen Billunger erloschen war, fielen ihre Besitzungen an die Askanier und die Welfen. Letztere sicherten sich die Vorherrschaft in weiten Teilen Norddeutschlands, prägnant verkörpert durch Heinrich den Löwen (1129–1195). Die Lüneburger Heide gehörte zu seinem Stammgebiet. Als sein Sarg während der NS-Zeit in Braunschweig geöffnet wurde, war die Enttäuschung groß: Anstelle der erwarteten Reckengestalt lagen darin die Gebeine eines Mannes von eher kleinem, zierlichem Wuchs. Das paßte gar nicht in das ideologische Konzept der Nationalsozialisten. Also galt es, den Mythos weiterleben zu lassen, denn Heinrich war ein Ausbund an Willenskraft, Listigkeit und Unbeugsamkeit.

Mit Gewalt holte sich Heinrich der Löwe das Land der Grafen von Stade, bemühte sich mit Erfolg um das Herzogtum Bayern, setzte die Grafen von Lüchow und Dannenberg ein und

drang erobernd nach Mecklenburg und Vorpommern vor. Lüneburg hat ihm viel zu verdanken, vor allem die Absicherung des Salzmonopols. Zu Fall brachte ihn seine Rigorosität. 1180 wurde er geächtet; man entzog ihm das Herzogtum und alle Reichslehen. Er ging vorübergehend nach England in die Verbannung, unterwarf sich und kam mit einem blauen Auge davon, da ihm wenigstens der Eigenbesitz gelassen wurde. Sein Enkel, Otto das Kind (reg. 1235–1252),

Großsteingräber markieren den Übergang von Jägern und Sammlern zu seßhafter Bevölkerung, die ihren Lebensunterhalt durch Feldbau und Viehzucht gewann. Entgegen dem Namen „Sieben Steinhäuser" sind es an dieser Stelle bei Fallingbostel/Walsrode immer nur fünf gewesen.

Megalithic graves mark the transition from a society of hunters and gatherers to a settled population earning its living by farming and cattle-breeding. Despite the name, "Sieben Steinhäuser" (Seven Stone Houses) there were only ever five graves at this site near Fallingbostel/Walsrode.

gewann die Herzogwürde für die Welfen zurück. In der nächsten Generation teilte sich das Gebiet in die Fürstentümer Braunschweig und Lüneburg. Allmählich konsolidierten sich die Grenzen für einen Raum, den wir eingangs als Lüneburger Heide umschrieben haben.

Seit dem 14. Jahrhundert gab es auch eine Art von Mitbestimmung: Die drei privilegierten Stände, nämlich Ritterschaft, Prälaten und Städte, trafen sich in regelmäßigen Abständen auf dem Landtagsplatz in Hösseringen „unter freiem Himmel", um mit dem Landesherrn über die Steuern zu beraten. Die Bauern, die die Mehrheit des Volkes bildeten, blieben jedoch davon ausgeschlossen. Von 1371 bis 1388 machte der Lüneburger Erbfolgekrieg dem Land schwer zu schaffen. Das alte Haus Lüneburg war ausgestorben. Braunschweig hatte Anspruch auf das Erbe, doch der Kaiser wollte es den Herzögen von Sachsen-Wittenberg zuschieben. Fast zwei Jahrzehnte wurde gerungen. 1388 entschied eine Schlacht bei Winsen an der Aller zugunsten der Welfen.

Als herausragender Regent trat 1521 Ernst der Bekenner (reg. 1521–1546) auf den Plan. Ihm gelangen die Sanierung der Staatsfinanzen und der Aufbau einer vernünftigen Verwaltungsorganisation. Unter ihm, einem der ersten, die der Sache Luthers folgten, verbreiteten sich im Fürstentum Lüneburg die Ideen der Reformation. Die Klöster versuchten, hinhaltenden Widerstand zu leisten. Erbbedingte Abspaltungen rüttelten an der territorialen Geschlossenheit. Eine davon trug ungeahnte Früchte für das kulturelle Erbe der Deutschen: Herzog August der Jüngere (reg. 1635–1666 in Wolfenbüttel) aus der Dannenberger Nebenlinie saß in Hitzacker und war ein großer Büchersammler. Er erbte das Fürstentum Wolfenbüttel und nahm dorthin mit, was er zusammengetragen hatte. Die weltberühmte Wolfenbütteler Bibliothek, der später der Dichter Gotthold Ephraim Lessing (1729–1781) einmal vorstehen sollte, besaß im Jahre 1666 schon 116 000 Schriften, heute gehören ihr mehr als 450 000 Bände.

Der Dreißigjährige Krieg hat im Fürstentum Lüneburg schlimm gewütet. Dänen und Schweden zogen ebenso durch das Land wie die kaiserliche

Soldateska unter Tilly. Dörfer wurden niedergebrannt, Häuser geplündert, Korn und Vieh geraubt, Geld wurde eingetrieben. Drastischer als im „Wehrwolf", einem Roman von Hermann Löns, ist dieser Krieg nicht dargestellt worden. Ein paar Jahrzehnte brauchte das Land, um sich wieder zu erholen.

Georg Wilhelm (reg. 1648–1705) wurde der „letzte Heideherzog" genannt, weil nach seinem Tod das Fürstentum Lüneburg mit dem Kurfürstentum Hannover vereinigt wurde. Unter ihm erließ man eine Postordnung, die den Ausbau und die Verbesserung des landesfürstlichen Postwesens einleitete. Der sagenumwobene Francesco Capellini, genannt Stechinelli (1640–1694), „gewandt, tätig, schlau und gewinnspähend", übernahm für kurze Zeit das Postwesen und legte zusätzliche Postämter an. Celle verlor jetzt aufgrund der Vereinigung die Residenz an Hannover. Von 1714 bis 1837 waren die Kurfürsten Georg I. bis IV. und Wilhelm V. von Hannover in Personalunion auch Könige von England. 1814 wurde Hannover zum Königreich erhoben. Unter Georg V. (reg. 1851–1866) fiel es 1866 der preußischen Annektion zum Opfer, nachdem es sich vergeblich militärisch gewehrt hatte. Damit war die immerhin 700jährige Herrschaft der Welfen zu Ende gegangen. Ihre Anhänger behaupteten sich in der Deutschhannoverschen Partei und konnten Abgeordnete in den Reichstag schicken. Bis 1918 sind sie ein politischer Faktor in der preußischen „Provinz Hannover" geblieben. Die neu eingeführte Provinzialverwaltung bewährte sich und gab auch für die altpreußischen Provinzen das Vorbild ab. Verbessert wurden z. B. das Wege- und Verkehrswesen sowie die Wohlfahrtspflege; die Denkmalpflege sollte eingeleitet und die Ödlanderschließung vorangetrieben werden. Im Zuge einer Dezentralisation kam es ab 1823 zur Einrichtung der „Landdrostei Lüneburg" mit Sitz in Lüneburg; ihr Gebiet umfaßte das ehemalige Fürstentum mit dem Amt Neuhaus jenseits der Elbe. Erst seit 1885 gab es den „Regierungsbezirk Lüneburg" mit einer damaligen Einteilung in 13 Landkreise und drei kreisfreie Städte. Durch Zusammenfassung hat sich die Zahl der Landkreise vermindert. Inzwischen ist auch der Regierungsbezirk Lüneburg mit dem Regierungsbezirk Stade zusammengelegt worden.

Die Entdeckung der Lüneburger Heide liegt sehr weit zurück, sie begann zunächst einmal unrühmlich. Vielleicht als Warnung ist die Lüneburger Heide schon auf einer Straßenkarte von 1501 hervorgehoben, auf der Landschaftsbezeichnungen sonst gar nicht auftauchen. Der Verkehr zwischen Hamburg/Lübeck und dem

Das Reizvolle der Hansestadt Lüneburg kommt auch in einem Geviert am „Hafen und Stintmarkt“ schön zur Geltung. Gegenüber dieser bauhistorisch gemischten Fassadenreihe befinden sich ein Renaissance-Eckhaus sowie der Ladekran, die Lüner Mühle und der Turm der Abtswasserkunst.

The attractions of the town of Lüneburg are epitomised in a square by the "Hafen und Stintmarkt" (harbour and fish market). Opposite this row of buildings with its mix of architectural styles stand a Renaissance corner house, the old crane, the Lüner mill and the Abtswasserkunst or "Abbot's Fountain" tower.

südlichen Reich führte nämlich auf allen Strecken durch endlos lange Heide. Die Räder gruben sich durch Sand. War eine Spur ausgefahren, suchten sich die Lastfahrer und Postillione eine neue daneben. So entstanden breite Wegebänder, auf denen es holprig zuging. Die Notizen von Reisenden sind eine einzige Klage „über die übel beschriene Lüneburger-Heyde“ (1753); man nannte sie „öde, dürre Strecke“ (1785), „ungeheure Sandwüste“ (1797).
Das Klischee von der schlimmen Heide wurde erst nach und nach korrigiert, zum Beispiel 1816 von dem Hamburger Domherrn F. J. L. Meyer, der nach einem Ausflug in die Heide zu der Ansicht gekommen war, daß mehrere Partien „nicht bloß erträglich, sondern auch freundlich, fruchtbar, selbst malerisch sind“.
Im Jahr 1865 veröffentlichte der Naturwissenschaftliche Verein für das Fürstentum Lüneburg ein erstes differenziertes „Bild der Lüneburger Heide“ mit ihren Bergen und Tälern, Wäldern und Feldern, Pflanzen und Tieren, Menschen und ihrer Geschichte. „Zur Ehrenrettung der Lüneburger Heide“ lautete sogar der Titel einer landeskundlichen Schrift von Paul Engelhardt, die 1879 erschien. Inzwischen hatten auch Hamburger Künstler wie Christian Morgenstern (1805–1867) und Hermann Kauffmann (1808–1884) sowie Valentin Ruths (1825–1905) der Heide malerische Züge abgewonnen.
Den großen Umschwung brachte die Zeit um die Jahrhundertwende mit der Heimatschutzbewegung und den Bestrebungen, Teile der Heide unter Naturschutz zu stellen. Die Heide wurde zum Wanderziel der Hamburger, Bremer und Hannoveraner.
Als volkskundliches Grundwerk legte Eduard Kück 1906 „Das alte Bauernleben der Lüneburger Heide“ vor. Eine neue Generation von Malern, wie Eugen Bracht, Hermann de Bruyker, Gustav Koken, C. C. Schirm, Friedrich Schwinge, Heinrich von Zügel und dann die bewußt „landsässigen“ Künstler wie Hugo Friedrich Hartmann in Bardowick, Frido Witte in Schneverdingen/Soltau und Albert König in Unterlüß haben die Heide für weite Kreise der Bevölkerung künstlerisch erschlossen. Fast selbstverständlich wandten sich auch Hamburger Kunstfotografen, wie Theodor & Oskar Hofmeister oder Heinrich von Seggern dieser Landschaft zu. Die Grundlage war geschaffen, um die Lüneburger Heide zum Urlaubsparadies und Anziehungspunkt von Touristenströmen werden zu lassen.

Die Heideblüte als großes und zu bewunderndes Naturereignis wurde von der Allgemeinheit erst Mitte des 19. Jahrhunderts entdeckt. Zuvor sprach und dichtete man lediglich von der „braunen Heide“. Hermann Löns schließlich verherrlichte sie in ihrem „rosaroten Prunkgewand“, ohne jedoch ihre Reize in den anderen Jahreszeiten geringer zu achten. Aber das „Lilapurpur“, das auch in der Landschaft um Döhle zu finden ist, fasziniert die Besucher dieser Gegend am meisten. Sie reisen in die Heide, um an diesem Naturschauspiel teilzuhaben.

Not until the mid-19th century did the public awake to the glory of an expanse of blooming heather as a natural phenomenon. Prior to that, people had only spoken and written about “the brown heather”. It was Hermann Löns who put pen to paper to sing the praises of its “sumptuous pink robes” without detracting from its charms in other seasons. But it is the “lilac purple” shade as found in the countryside around Döhle which most fascinates visitors to this area. They make special journeys to the Heath to share the experience of this natural drama.

Überall in der Heide begegnen wir hölzernen Bienenständen, die im landesüblichen Platt „Imm'n-Tun“ genannt wurden, das bedeutet Bienenzaun. Während der Heideblüte in den Monaten August/September stellen die Imker hier ihre Bienenvölker auf. Das Summen der Bienen, das in der Heidepoesie gern beschrieben wird, verdichtet sich in der Nähe eines Bienen-Zauns zu einem zur Vorsicht gemahnenden Gedröhn. In der alten Heidbauernzeit war die Honiggewinnung ein wichtiger Bestandteil der Hofwirtschaft und zugleich auch ein gutes Beispiel für die Nutzung natürlicher Ressourcen.

Everywhere in the Heath you come across groups of wooden beehives, known in the local Low German dialect as "Imm'n-Tun", or "bee fences". In August and September, when the heather is in bloom, beekeepers move their colonies here. In the vicinity of the hives, the buzzing of bees which the Heath poets like to wax lyrical about increases to a loud drone, like a warning to be careful. In the old days honey collecting was an important part of the Heath farmers' livelihood, as well as being a fine example of the use of natural resources.

Der Pastor-Bode-Weg ist einer der schönsten im Naturschutzpark Lüneburger Heide. Er verbindet Egestorf mit Wilsede; Pastor Wilhelm Bode ist diesen Weg in der Tat unendlich oft gegangen. Die Aufnahme zeigt den Weg in Richtung des nordwestlich gelegenen Ortes Undeloh und macht auf einige wesentliche Elemente der Heidelandschaft aufmerksam: das hügelige, mit Heidekraut bewachsene Gelände, den Findling, vereinzelt stehende Säulenwacholder, den dunklen Waldrand im Hintergrund.

Pastor Bode Way is one of the loveliest in the Lüneburg Heath National Park, linking Egestorf and Wilsede. Pastor Wilhelm Bode himself did indeed walk along it countless times. This photograph shows a section of the Way looking towards Undeloh to the north-west and draws attention to some important features of the heath landscape: the hilly, heather-covered terrain, the boulder deposited here in the Ice Age, the scattered pencil cedars and the dark line of the forest in the background.

Ein typisches Moor, in dem auch Stellen ehemaligen „Torfstichs“ erkennbar sind, liegt unmittelbar südöstlich von Schneverdingen im Landkreis Soltau-Fallingbostel: das Pietzmoor. Es gehört noch in den Bereich des Naturschutzparks Lüneburger Heide. Das Moor wurde mit Erfolg wieder vernäßt und „lebt“. Ein reizvoller Kontrast zum dunklen Moorwasser sind die Fruchtstände des Scheidigen Wollgrases (Eriophorum vaginatum) mit ihren gut drei Zentimeter langen weißen Flöckchen. Die Pflanze ist im sauren Milieu der Moore häufig anzutreffen.

Pietzmoor, due south-west of Schneverdingen in the Soltau-Fallingbostel district, is a typical bog where you can still see signs of former peat-cutting. It too is part of the Lüneburg Heath Nature Reserve. The bog has been successfully restored to wetness and is now “alive” again. The fruits of Cotton Grass (Eriophorum vaginatum) with their elongated white tufts form a charming contrast with the dark bog water. The plant is found in abundance in the acid bog environment.

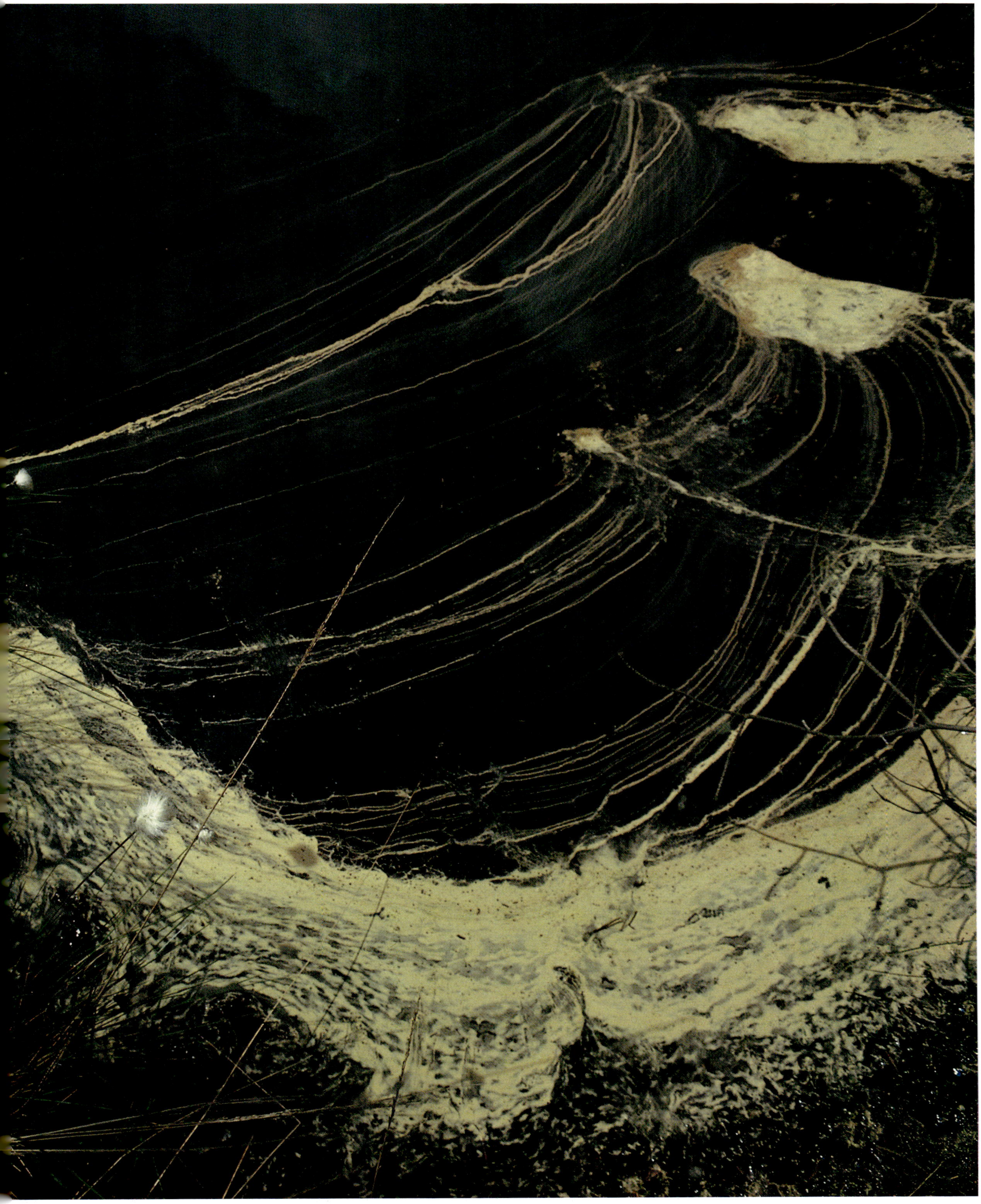

Die Großsteingräber bei Altenmedingen im Landkreis Uelzen wurden mit dem Beinamen „Königsgräber" belegt. Es handelt sich um Reste von Steinkammern, die ursprünglich unter aufgeworfenen Erdhügeln verborgen lagen und zur Bestattung mehrerer Personen dienten. Die Volksdeutung sprach auch von „Hünengräbern" oder „Hünenbetten", womit solche Gräber auch die Existenz von Riesen glaubhaft erscheinen ließen. Die Menschen des dazugehörigen Kulturkreises waren die ersten seßhaften Ackerbauern und Viehzüchter in unseren Breiten.

These megalithic burial places near Altenmedingen, near Uelzen, have been nicknamed the "Kings' Graves". They are the remains of stone chambers which originally lay concealed beneath earth mounds. Each was used to bury several people. However, popular legend dubbed them "giants' graves" or "giants' beds", as their size lent credence to the existence of giants. The people whose civilisation is represented here were the first to settle as farmers and cattle breeders in this part of the world.

Beim Heide-Fest, das alljährlich auch in Schneverdingen im Landkreis Soltau-Fallingbostel stattfindet, wird nicht nur eine „Heide-Königin“ gewählt, sondern es tauchen auch manche textile Erinnerungsstücke auf: Die luftig-praktischen Sonnenschutzhauben wurden einst bei der Feldarbeit getragen. Sie waren ebenso notwendig wie die „Sünnärmels“ aus Leinen, die über den Arm gezogen wurden, weil die Hemdärmel nur bis zum Ellenbogen reichten. Die Ärmel sollten vor Sonnenbrand und Disteln schützen.

As well as providing an opportunity to choose a carnival queen, the annual Heath Festival, seen here being celebrated in Schneverdingen in Soltau-Fallingbostel district, is an occasion when many traditional items of clothing reappear. The practical, airy sunbonnets were once worn for work in the fields. They were a must in former times, as were the linen "sunsleeves", which were worn over the arms because shirtsleeves reached only to the elbow. The sleeves afforded protection against both sun and thistles.

Die kulturellen Zentren: Lüneburg und Celle

Besondere Ausstrahlung und sehr große Anziehungskraft sind die typischen Merkmale der Zentren. Vor allem die alte, tausendjährige Stadt Lüneburg ist sehr liebenswert. Dies vermerkte auch C. J. Weber im Jahr 1855: „... und wenn sie nichts hätte, so hat sie allerliebste Mädchen, die schon, auch ohne ihre Vergißmeinnicht-Augen, durch ihre schöne Sprache bezaubern. Weit süßer als zu Berlin ...". Dieses Kompliment werden sich die Lüneburgerinnen gerne gefallen lassen. Von Lüneburg aus verlaufen die hansischen Handelsstraßen wie Strahlen in alle Himmelsrichtungen. Auf diesen Routen rollten die Planwagen vollbeladen mit Salz, das entscheidend zum Reichtum der Hansestadt beigetragen hat. Wir sehen es heute auch an den guterhaltenen Bürgerhäusern, deren Bausubstanz zum Teil bis ins Mittelalter zurückgeht und die zum Beispiel „Am Sande" ein einzigartiges Bild ergeben.

„Mons, fons, pons" lautete die lateinische Formel für die drei Pluspunkte, die sich Lüneburg gutschreiben konnte: der eigentümliche „Kalkberg", die Solequelle, die das Salz hergab, und das Kaufhaus an der Brücke, der Umschlagplatz aller Güter und Ladestelle für die auf der Ilmenau schiffenden Kähne. Der Kalkberg, heute wesentlich kleiner und niedriger als in früherer Zeit, besteht genaugenommen nicht aus Kalk-, vielmehr aus hartem Gipsgestein, das sich ursprünglich wie ein kleines Gebirge auftürmte und zum Bauen genutzt wurde. Nirgendwo sonst in der Heide sticht ein solcher Gesteins-„Pfeiler" durch die Oberfläche, Zeuge der Zechstein-Zeit, als es organisches Leben nur im Meer gab, das Norddeutschland bedeckte. Der Lüneburger Gipsstein ist nicht nur in Bardowick, sondern auch in Winsen, Hitzacker oder Mölln verwendet worden.

Auf der Kuppe stand einst die Burg der Billunger und ein wenig tiefer das um 1373 verlegte Michaeliskloster. Sogar ein Zuchthaus ist dort oben einmal gewesen, das die Arbeitskräfte für den Steinbruch hergab. Heute gewährt das Besteigen des Kalkberges einen großartigen Blick, denn „hier werden wir uns ganz bewußt, was der niederdeutschen Hansestadt ihren eigensten Reiz verleiht. Es ist die Farbe. Das See- oder Smaragdgrün der Turmhelme in ihrem Edelrost, das leuchtende Rot des Dächergewirrs, die verhaltene Glut der unverputzten Mauerflächen, in allen Schattierungen das Grün eingestreuter Baumgruppen, die Linden-, Kastanien- und Birkenreihen, die aus der Stadt hinausführen in Wald und Heide ..." Diese Worte fand der Geschichtsschreiber Wilhelm Reinecke für die Atmosphäre seiner Stadt.

Das im Verlauf mehrerer Jahrhunderte zusammengefügte Lüneburger Rathaus ist mit seinem Innenleben neben dem Lübecker Rathaus das komplexeste Gebäude dieser Art. Die Anfänge liegen im 13. Jahrhundert, das Ende ist in einer historisierenden Neugestaltung des Marktgiebels von 1870 zu sehen. Die „Gerichtslaube" (um 1330) dürfte den stärksten Eindruck hinterlassen. Von den 15 Kirchen und Kapellen des Mittelalters sind nur drei erhalten. St. Johannis, 1852 der „entbehrlichen Schönheiten" im Innern entkleidet, birgt dennoch einen Hochaltar mit den kostbaren Tafelmalereien, auf denen Geschichten der heiligen Cäcilia und der heiligen Ursula sowie von St. Georg ausgeführt sind.

Auf dem Marktplatz vor dem Rathaus steht der Luna-Brunnen, einer Göttin gewidmet, zu der Lüneburg bis heute eine geheimnisvolle Beziehung unterhält. Ein modernes und heißumstrittenes Luna-Mal des aus Winsen/Luhe stammenden Bildhauers Erich Brüggemann (geb. 1928) hat am Glockenhaus seinen Platz gefunden. Im Museum für das Fürstentum Lüneburg werden wir erneut mit einer „Luna-Säule" aus griechischem Marmor konfrontiert. Sie stammt aus der 1371 am Kalkberg abgebrochenen ersten Michaeliskirche und könnte von einem Kreuzzug mitgebracht worden sein. Das außerordentlich reichhaltige Museum konzentriert sich auf Stadtgeschichte. Das Deutsche Salz-Museum ergänzt seit kurzem das Kulturangebot der Stadt.

Wie in alten Zeiten erlebt man das nahegelegene Kloster Lüne, mit Kirche, Kreuzgang, gotischem Laufbrunnen und den Zellen, vor denen noch die Truhen und Schränke stehen, mit denen die jungen Frauen ins Kloster eingezogen sind. Außerordentlich wertvoll indessen sind die von den Nonnen um 1300 ausgeführten Weißstickereien auf Leinen, „Hungertücher" für die Passionsliturgie, sowie Webteppiche und Banklaken mit Heiligenlegenden, um 1500 entstanden. Diese Handarbeiten werden jedes Jahr im August ausgestellt. Eine Besonderheit Lüneburgs, die andernorts selten zu sehen ist, sind die Reste der „Landwehr", die sich mit Wällen

Der „Markt" in Lüneburg um 1900.

Lüneburg market square in about 1900.

und Gräben an der Peripherie befinden. Am deutlichsten erkennbar sind sie zwischen Reppenstedt und der Bundesstraße 4.

Unverändert geblieben ist der Eindruck von Celle, wie ihn Richard Linde 1904 beschrieb: „Schon auf den ersten Blick erkennt man Celle als Fürstenstadt." Während der berüchtigten Lüneburger Ursula-Nacht von 1371 zerstörten die Bürger die herzogliche Burg. Daraufhin erwählten die Herzöge die Stadt Celle zu ihrer neuen Residenz. Das auf einem aufgeschütteten Hügel thronende Schloß erzeugt in der Tat ein Bild von „fürstlicher Allgewalt" und blickt auf die langen Straßenfluchten der Stadt mit ihren eher possierlichen Bürgerhäusern herab. Das rechtwinklige Straßenschema verrät, daß die Stadt planmäßig angelegt wurde. Eine gewisse Großzügigkeit hinsichtlich der Plätze und Grünanlagen ist durchaus der Planung zu verdanken.

Mit vier Flügeln umgibt das Schloß seinen Innenhof. Seine ältesten Bauteile gehen bis ins 13. Jahrhundert zurück. Die fast exotisch anmutende Renaissance-Fassade des Ostflügels ist 1553–58 entstanden. Im übrigen fand unter Herzog Georg Wilhelm 1665–70 ein barocker Umbau statt. Von barockem „Prunk und Pomp" wurde in bezug auf die Wohn- und Repräsentationsräume im Nordflügel gesprochen. Von größter kunsthistorischer Bedeutung ist jedoch die Schloßkapelle. Die alten Kreuzgewölbe und Fenster stammen noch von einem gotischen Umbau am Ende des 15. Jahrhunderts. Eine Umgestaltung erfolgte in der zweiten Hälfte des 16. Jahrhunderts, die mit Altar, Kanzel, Orgel und reichem ornamentalem Schmuck, mit Reliefs und zahlreichen Gemälden den Geist der Renaissance in großer Dichte vermittelt. Als Kleinod darf auch das Schloßtheater bezeichnet werden. Mit seiner Entstehung 1674/75 gilt es als Deutschlands ältester Theaterbau. Heute noch dient es als Stadttheater. In der im 17. Jahrhundert barockisierten Stadtkirche St. Marien befindet sich unter anderem die Grablege der herzoglichen Familie: „Die Epitaphe machen durch Pracht und Ausmaß den Chor zum bedeutsamsten Welfenmausoleum der Renaissance- und Barockzeit" (Reclams Kunstführer, V, 1976). Die älteren Fachwerkhäuser der Stadt, zum Teil auch an die Zeit der Ackerbürger erinnernd, strahlen viel Gemütlichkeit aus.

Das „Vaterländische Museum" in Celle von 1892, heute nach seinem Begründer „Bomann-Museum" genannt.

The "Fatherland Museum" in Celle, founded in 1892, is now known as the Bomann Museum, after its founder.

Im Faltblatt der Stadt nicht erwähnt, aber in den Kunstführern beschrieben, ist das „Werck- und Zuchthaus", auch Irrenhaus genannt, ein schloßartiger, reiner Barockbau (1710–29). Schon in der älteren Reiseliteratur wurde Interesse für diese als vorbildlich erachtete Anstalt bekundet: „Alle Gefangenen, Männer und Weiber, spinnen. Keiner ist geschlossen oder mit einem Blocke am Beine versehen... von einer ähnlichen Sorgfalt habe ich nie in anderen Gefangenenhäusern gehört..." (H. D. Mutzenbecher, 1819).

Aus landeskundlicher Sicht unverzichtbar ist der Besuch des Bomann-Museums mit der umfangreichsten Präsentation aus dem Bauernleben: Arbeitsgeräte, Bauernstuben, ein ganzes Bauernhaus, Trachten, Löns-Archivalien, bürgerliche Wohnkultur und vieles mehr.

Gar nicht zu überschätzen war die Tätigkeit der Königlichen Landwirtschafts-Gesellschaft, gegründet 1764, ein Instrument der „Aufklärung" zur Verbesserung der Produktions- und Lebensverhältnisse. Eines der Mitglieder, Albrecht Thaer, geboren 1752 in Celle, war zunächst Mediziner mit einer Passion zum Gärtnern. Dann folgte der Schritt zur Bewirtschaftung eines Gutes, bis er die Probleme landwirtschaftlicher Produktion im Griff hatte: Ackern, Publizieren und Lehren wurden seine Lebensinhalte. 1804 bot ihm Preußen ein zehnmal größeres Rittergut an, nahm ihn in den Staatsdienst auf und versah ihn mit einer Professur. Die „Grundsätze der modernen Landwirtschaft", eine von 400 Schriften, sind zu einer Art Katechismus für seine Zeit geworden. Albrecht Thaer hat dabei auf englische Erfahrungen zurückgreifen können. Die segensreiche Wirkung von Humus auf Bodenqualität und Erträge wurde von ihm erkannt, und mit Nachdruck propagierte er den Fruchtwechsel. Auch als Schafzüchter hatte er sich großen Ruf erworben. Goethe schrieb über Thaer: „Der Mann gehört zuerst Preußen an, dann aber auch der Welt..."

Kloster Lüne bei Lüneburg ist eines der sechs „Heideklöster", die seit der Reformation als Damenstift weiterbestanden. Sie werden heute von der „Klosterkammer", einer Landesbehörde, betreut. Kloster Lüne wartet nicht nur mit „altem Gemäuer" auf: Die wohlrestaurierten Gebäude werden auch in heutiger Zeit ihrer Bestimmung gerecht. Dafür spricht auch der farbensprühende Garten, der unter den Händen der Klosterbewohnerinnen üppig gedeiht. Der Kreuzgang, die Kirche und der Trakt mit den Zellen sind besonders eindrucksvoll. Eine Besichtigung lohnt sich.

The Convent of Lüne, near Lüneburg, is one of the six "Heath monasteries" which survived as convents after the Reformation. Nowadays they are administered by a state Department of Monasteries and Convents. If it is ruins of historic masonry you are looking for, you won't find them at Lüne. The well-restored buildings are still used for their original purpose. Further evidence of this is provided by the colourful garden, which flourishes luxuriantly under the inhabitants' care. The cloister, the church and the wing containing the cells are particularly impressive. It is well worth a visit.

Der Lüneburger Marktplatz mit dem Rathaus und dem Lunabrunnen ist ein Beispiel für die Stilvielfalt der alten Hansestadt. Die Fassade des Rathauses ist dem Historismus zuzuordnen. Sie verrät nicht, daß die Besucher im Inneren des Gebäudes in die Zeit der Renaissance und ins Mittelalter versetzt werden. Überraschend ist auch das ungewöhnliche Bauvolumen, das sich hinter der Außenfront verbirgt. Im Vergleich mit der historischen Aufnahme im Textteil (Seite 34) zeigt sich kaum ein Unterschied zum heutigen Erscheinungsbild des Lüneburger Marktplatzes. Im „Ratskeller" befinden sich Wandmalereien mit Altlüneburger Ansichten von Hugo Friedrich Hartmann aus Bardowick.

The market square in Lüneburg with the town hall and the Luna fountain provide an example of the variety of architecture found in the old Hanseatic town. The town hall facade is historicist in style and betrays no sign that in its interior visitors are transplanted to the age of the Renaissance and the Middle Ages. Surprising too is the size of the building hidden away behind the facade. The present-day appearance of Lüneburg's market square has hardly changed since the historic photograph on page 34 was taken. The Ratskeller features frescoes of old Lüneburg by Hugo Friedrich Hartmann from Bardowick.

RATSKELLER

Der Blick vom Lüneburger Stintmarkt über die Ilmenau auf den alten Kran und die Lüner Mühle. Schon 1346 bediente sich der Hafenbetrieb eines Krans; der heutige ist eine Konstruktion aus dem 18. Jahrhundert und gilt als bemerkenswertes technisches Kulturdenkmal. Die Kraft für das Heben der Lasten wurde mit zwei großen Treträdern erzeugt, die sich im Inneren des Kranaufbaus befinden. An der Nordostecke des Hafens (auf diesem Bild nicht mehr sichtbar) stand das alte „Kaufhaus", das einer Brandstiftung zum Opfer fiel. Nur die Barockfassade blieb erhalten.

A view from the Stintmarkt in Lüneburg across the River Ilmenau to the old crane and the Lüner Mühle mill. A crane was in use here for port work as far back as 1346. The present one was built in the 18th century and is regarded as a remarkable technical monument. The power for hoisting loads was generated by two great tread-wheels situated inside the body of the crane. On the north-east corner of the harbour stood the old "Kaufhaus" or store (not visible in this picture), which fell victim to arson. Only the Baroque facade remained standing.

Die zur Innenstadt weisende Ostseite des Celler Schlosses mit seiner Renaissance-Fassade hat für den Beschauer etwas Märchenhaftes. Bei einer Führung erschließt sich dem Kunstinteressierten die stilistische Vielfalt im Inneren der Flügel sowie die kunstgeschichtlich bedeutsame Ausstattung der im 15. Jahrhundert errichteten Schloßkapelle. Das Schloß war früher durch Befestigungen gesichert, die dann in Parkanlagen umgewandelt wurden.

Facing the town centre, the east side of the Palace of Celle with its Renaissance facade holds a kind of fairy-tale magic for the onlooker. For visitors interested in art, a guided tour of the palace reveals the rich variety of architectural styles within its wings, not forgetting the 15th century palace chapel with its decor and fittings, which bear major testimony to art history. The palace was formerly protected by fortifications, which were later transformed into gardens.

Die „Stechbahn“ in Celle: Dieser Straßenname kommt in mehreren deutschen Städten vor und erinnert an ritterliche Übungsplätze. Rechts ist die Fassade des Neuen Rathauses von 1785 zu sehen, in der Mitte der Westturm der Stadtkirche, der erst 1913 sein heutiges Aussehen erhielt. Die Kirche geht in ihrem Kern auf das Mittelalter zurück. In der „Fürstengruft“ ist die Grablege der herzoglichen Familie untergebracht, die dazugehörigen Epitaphe befinden sich oben im Chor.

Stechbahn, or "Tilting Yard", is the name of this street in Celle. It is found in several German towns and recalls the grounds where mediaeval knights practised their jousting. On the right of the photograph is the facade of the New Town Hall, built in 1785. In the centre you can see the west tower of the parish church, which only acquired its present appearance in 1913. The oldest part of the church dates back to the Middle Ages. Members of the ducal family were laid to rest in the "Princes' Vault". Their epitaphs can be seen overhead in the chancel.

Reizvolle Bauten findet der Fachwerkbegeisterte in der Celler Innenstadt, wo vom schlichten bis zum üppig geschnitzten Balkenwerk alle Formen des Fachwerks zu bestaunen sind. Für die Bemalung der Hausfassaden wurden die historisch überlieferten kräftigen Farben benutzt, und auf den Firsten drehen sich schmuckvolle Wetterfahnen.
Geschäfte aller Art, stilvolle Gasthäuser und gemütliche Kneipen machen im alten Celle den Einkaufsbummel zu einer runden Sache.

Lovers of half-timbered buildings will find some delightful examples in the town centre of Celle, where all forms of the art, ranging from the most simple to ornately carved beams, can be admired. The strong, clear colours used to paint the facades have been passed on through the ages, and up on the roof ridges ornamental weathervanes revolve.
Shops of all kinds, smart restaurants and cosy pubs make a shopping excursion in Celle an allround pleasure.

In der Südheide von Ost nach West

Kaum zehn Kilometer von Celle entfernt liegt das ehemalige Zisterzienserinnen-Kloster Wienhausen. Die beiden Staffelgiebel der mittelalterlichen Klosteranlage sind nur der Auftakt zu der außerordentlich umfangreichen Anlage mit Flügeln, Kreuzgängen, Kirche und Nonnenchor. Unter den Kunstschätzen befinden sich neun herausragende Bildteppiche (13.–15. Jahrhundert), mit Wolle auf Leinen gestickt. Mehrfach wurden Motive aus der Tristan-Sage aufgegriffen, jenem großen erotischen Versroman des Mittelalters. Nur in der zweiten Woche nach Pfingsten wird dieses Allerkostbarste den Blicken der Anwesenden preisgegeben.

Gifhorn stellt den äußersten Punkt der Heide im Südosten dar. Das märchenhaft schöne Renaissanceschloß wurde 1581 fertiggestellt. Es beherbergt heute die Kreisverwaltung und in einem Flügel das Kreis-Heimatmuseum. Es bietet Geschichte, Volkskundliches, bürgerliche Kultur und als Besonderheit Erzeugnisse der Gifhorner Glashütte: ein Stück Industriegeschichte. In der Abteilung Flora und Fauna bleckt ein Wolf die Zähne, der noch 1965 in dieser Gegend erlegt wurde. Der „letzte Wolf" ist immer wieder als Symbol für den endgültigen Sieg über die wilde Natur hervorgehoben worden. Zum Beispiel hatte sich 1948 der Heimatpfleger von Fallingbostel bewogen gefühlt, eine Denkschrift herauszugeben, als man dort den „Würger vom Lichtenmoor" erlegte, der hundert Rinder und Schafe gerissen hatte. Dem Schützen gratulierten schriftlich der Minister, der Landrat, der Kreistag und sogar die damalige englische Militärregierung.

Vor den Toren der Stadt Gifhorn hat sich ein „Internationales Mühlenmuseum" angesiedelt. Auf großem Freigelände stehen vier echte Windmühlenbauten sowie ein Bäcker- und Mühlenhaus; daneben werden 40 Modelle aus 18 Ländern der Welt gezeigt. Auf dem Weg in die nördliche Umgebung erinnern die Riesenwacholder des „Heiligen Hains" auf dem Kännschiersberg bei Wahrenholz-Betzhorn an die Zeit, als die Heide auch hier noch vorherrschend war.

Nach Isenhagen-Hankelsbüttel nördlich von Gifhorn wurde 1327 ein Zisterzienserkloster verlegt. Auch hier existiert ein reicher Bestand an Schränken und Truhen aus dem 14. bis 16. Jahrhundert. Besondere Beachtung verdient ein sehr altes, mit Drechslereien verziertes Lesepult (um 1200). Ferner werden Paramente, Antependien und Altarbehänge gezeigt, zum Teil mit Korallen und Flußmuschelperlen verziert. Im Brauhaus gibt es Hafnerware, Trinkgefäße, Werkstätten und eine vorzüglich gelungene Darstellung der Verarbeitung von Flachs zu sehen. Neu ist ein künstlerisch gestalteter Kräutergarten, der zur 750-Jahr-Feier des Klosters angelegt wurde. In ihm ist zu finden, was an Pflanzen für die Küche und die Krankenstube eines Klosters benötigt wurde. Ein Erlebnis ganz anderer Art bietet dagegen das nahegelegene, kilometerlange Otter-Zentrum, in dem sich die selten gewordenen Fischotter unter natürlichen Verhältnissen tummeln.

Am Nordrand des „Naturparks Südheide" liegt Unterlüß. Die Gemeinde richtete im Haus des Malers Albert König (1881–1944), das der namhafte Architekt Wilhelm Matthies (1867–1934) aus Bardowick für ihn entworfen hatte, ein Museum ein. In Unterlüß fand der Künstler seine Lieblingsmotive: skurrile Bäume, aber auch die Heidelandschaft. Eine eigenständige Note haben seine lichtdurchflimmerten Holzschnitte. Sonderausstellungen und Publikationen sind ein Beweis für die vorbildliche Kulturarbeit des Museums abseits der großen Städte.

Hermannsburg wartet mit zwei interessanten Museen auf: der Heimatkundlichen Sammlung sowie dem Missions-Museum. Pastor Ludwig Harms hatte hier 1849 ein Missionswerk gegründet und seine Heidebauern nachdrücklich aufgefordert, die nach Afrika ausgreifende Tätigkeit zu finanzieren. Das Heimatmuseum „Römstedthaus" in Bergen bei Celle geht auf die Kieselgur- und Ölförderung in der Heide ein. Auf besondere Art nachdenklich macht die Gedenkstätte Bergen-Belsen an der Stelle eines ehemaligen Konzentrationslagers mit 14 Massengräbern. Hier ist eine Dokumentation angelegt worden, die eine Vorstellung von den Verbrechen im NS-Staat vermittelt.

Ein paar Jahre früher als Wilsede war Müden an der Oertze Treffpunkt für die „Pioniere der Heide". Zunächst kamen Maler aus Hannover, anschließend folgten Schriftsteller wie Hermann Löns, Diedrich Speckmann und Richard Linde. Auf Dauer hatten sich Hanns Fischer („Welteislehre") und Felicitas Rose („Uwe Karsten, der Heideschulmeister") sowie der begabte, aber frühverstorbene Maler Fritz Flebbe (1893–1929) niedergelassen. Am Hang des Hausselberges (119 Meter), den schon der Mathematiker Carl Friedrich Gauß für seine trigonometrische Vermessung genutzt hatte, breitet sich ein riesiger Heidekrautteppich aus. In Wietze, knapp jenseits der Aller, erinnert das Erdölmuseum an den Ölboom der Jahrhundertwende. In der Nähe befindet sich die Wieckenberger Kapelle, die durch ihren Erbauer mit der Lüneburger Heide verknüpft ist. In einem schlichten, mit einer Scheune vergleichbaren Bau verbirgt sich ländliches Frühbarock aus der Zeit um 1692/93. Bauherr dieser Gutskapelle war der durch Post und Handel reich gewordene Drost Francesco Capellini, genannt Stechinelli, der auch in anderen Regionen der Heide Besitzungen hatte. Zum Beispiel in Win-

sen an der Aller, wo noch die Toreinfahrt eines Gutes erhalten ist. In Wieckenberg sind ebenfalls ein Hoftor von 1688 zu sehen sowie ein Brunnen von 1678 und mehrere Grenzsteine mit eingemeißeltem Schlapphut, den Stechinelli als Markenzeichen benutzte.

Ahlden an der Aller erinnert an eine tragische Geschichte. Herzog Georg Wilhelm (reg. 1648–1705) hatte eine Tochter, Sophie Dorothea; zum Entzücken aller schon im Alter von 12 Jahren ein ebenso hübsches wie kluges Kind. Die Prinzessin heiratete ihren Vetter Georg Ludwig, der später als Georg I. auch König von England wurde. Seiner Natur nach soll er verschlossen, trocken und steif gewesen sein, also eine Konstellation, die den Ausbruch der Angetrauten wohl begünstigte. Philipp Christian von Königsmarck war ihr verfallen. „Lettres d'amour" wurden abgefangen, und schließlich schritt der Hof zum äußersten: Bezahlte Mörder versetzten dem Liebhaber den Todesstoß. Es folgten die Scheidung und Verbannung der Prinzessin nach Ahlden, wo sie die 32 Jahre ihres restlichen Lebens zubringen mußte. Ihre Tochter heiratete Friedrich Wilhelm I., den „Soldatenkönig", und wurde Mutter Friedrichs des Großen.

Der Blick auf das alte Walsrode an der Böhme, das „freundlichste Flußtal der Lüneburger Heide". Die Böhme mündet bei Ahlden in die Aller. Die Kloster- und Stadtkirche „unter einem Dach" wie auch das Kloster überstanden im Jahr 1757 einen Großbrand.

The view of the old town of Walsrode on the River Böhme, "the finest river valley in the Lüneburg Heath". The Böhme flows into the Aller near Ahlden. The "all in one" abbey and parish church, like the monastery itself, survived a conflagration in 1757.

Ein Schwenk nach Norden führt uns in die „Hermann-Löns-Stadt" Walsrode: Erneut begegnet man einem Kloster; eindrucksvoll sind die bedeutenden Glasmalereien im Klosterchor, der vielteilige Reliquienschrein und der Christusknabe („Bambino"), dessen Gewand mit winzigen Flußmuschelperlen aus Heidebächen bestickt ist. Im Heidemuseum „Rischmannshof" befinden sich unter anderem Erinnerungsstücke und Schriften von Hermann Löns (1866–1914). Nach einem abenteuerlichen Hin- und Hertransport seiner sterblichen Überreste fand der Dichter im nahegelegenen Tietlinger Wacholderhain die letzte Ruhe.

Walsrode ist auch Ausgangspunkt für einen Besuch der Sieben Steinhäuser bei Ostenholz, die besterhaltenen Großsteingräber der Heide. Sie befinden sich im Truppenübungsgelände, doch am ersten und dritten Wochenende jeden Monats ist die Zufahrt gestattet. Unweit von Walsrode liegt auch Meinerdingen mit einer sehr schönen, etappenweise gebauten, alten Heidekirche (seit 1296). Der Vogelpark Walsrode (5000 Vögel!) gilt längst als ein gelungenes Freizeitparadies und hat besten Zuspruch.

Beinahe auf Tuchfühlung neben Walsrode liegt der Luft- und Kneippkurort Fallingbostel mit der „Lieth", einem imposanten Buchenwald, wie man ihn in der Heide eigentlich nicht erwartet. Aus diesem Grund und die Schönheit des Böhmetals einbegriffen, hat man schon von einem der „Sieben Wunder" der Lüneburger Heide gesprochen. Am Forst Lieth steht auch das „Haus der Haidmark", das zur Erinnerung an die Heidehöfe errichtet wurde, die zur Hitler-Zeit der Einrichtung eines Truppenübungsplatzes geopfert wurden. Kunsthistorisch von großem Reiz sind ferner die Grabsteine aus dem 18. Jahrhundert auf dem Friedhof von Düshorn.

Das Gifhorner Schloß im Stil der Frührenaissance hat durch seine „welschen" Giebel Ähnlichkeit mit dem Schloß in Celle. Tatsächlich war damals der zuerst in Gifhorn tätige Baumeister Michael Claren für die „Modernisierung" in Celle herangezogen worden.
Der wohlrestaurierte Gebäudekomplex des Gifhorner Schlosses beherbergt heute die Kreisverwaltung des Landkreises Gifhorn. Im „Kommandantenhaus" befindet sich das Kreisheimatmuseum mit seinen lehrreichen Sammlungen zur Vor- und Frühgeschichte, Volkskunde und Kreis- und Stadtgeschichte.

The early Renaissance-style "Italianate" gable of the Palace of Gifhorn gives it a resemblance to the palace in Celle. And indeed master-builder Michael Claren, summoned to Celle to carry out "modernisation" works, had previously worked here in Gifhorn. Nowadays the immaculately restored palace buildings are the offices of the Gifhorn District Council. The "Commandant's House" houses the local history museum with its informative collections covering prehistory, ancient history and ethnology, as well as the history of the town and surrounding areas.

Weithin sichtbar, vor den Toren der Stadt Gifhorn, erheben sich die Windmühlen des 1980 eingeweihten Internationalen Mühlenmuseums. Außer vier Originalmühlen – Kellerholländermühle, Bockwindmühle, Wassermühle und dem Nachbau der „Mühle von Sanssouci" – ist ein niedersächsisches Back- und Müllerhaus zu sehen.
In alle Welt führen vierzig minutiös ausgeführte Mühlenmodelle der verschiedensten Konstruktionen. In einer Backstube wird mit zwei holzbefeuerten Steinöfen noch traditionell gebacken.

Close to the town of Gifhorn the windmills of the International Windmill Museum, inaugurated in 1980, can be seen from a long way off. In addition to four original mills – the Kellerholländermühle (Dutch mill), the Bockwindmühle (windmill), the Wassermühle (watermill) and a replica of the Mill of Sanssouci, you can see a Lower Saxon bakery and miller's house.
Forty model mills constructed in minute detail and a wide range of designs carry the visitor to all corners of the globe. There is also a bakery where bread is still baked in the traditional way in two wood-fired stone ovens.

Das Schloß in Ahlden an der Aller im Landkreis Soltau-Fallingbostel ist eine der bescheidenen Landschloßanlagen ohne großen Prunk, ursprünglich eine Jagdunterkunft. Eine historisch ungewöhnliche Nutzung erfuhr das Schloß, als es die verbannte Kurprinzessin Sophie Dorothea aufzunehmen hatte, die Gemahlin des Kurfürsten Georg Ludwig. Der Grund für ihre „Ehrenhaft“ war die heimliche Liebschaft der Kurprinzessin mit dem Grafen Philipp Christoph Königsmarck. Die Verbannung dauerte von 1695 bis zum Tod der Kurprinzessin im Jahre 1726. Heute wird das Schloß für Auktionen von Kunst und Antiquitäten genutzt.

The palace in Ahlden on the River Aller in Soltau-Fallingbostel district is a modest country castle and grounds built without great show, originally as a hunting lodge. It was put to a historically unusual purpose when it became the forced residence of the exiled Electoral Princess Sophie Dorothea, wife of Elector Georg Ludwig. The reason for her "honourable imprisonment" was the Princess's secret love affair with Count Philipp Christoph Königsmarck. The Electoral Princess's exile lasted from 1695 until her death in 1726. Nowadays the castle is used for auctions of art and antiques.

Das ehemalige Zisterzienserinnenkloster Wienhausen bei Celle wurde im 13. Jahrhundert gegründet und liegt zwischen den Seitenarmen der Aller. Hier blickt man auf den Westflügel der Klausur und die Nonnenkirche (rechts). Mit ihrem Gestühl, um 1280 entstanden, und der gut erhaltenen Ausmalung gilt sie als einzigartig. Dies trifft auch für die Bildteppiche und Wirkereien des 15. Jahrhunderts zu, die jährlich in der Woche nach Pfingsten gezeigt werden. Reizvoll sind auch die unter den Dielen gefundenen Kleinaltertümer wie Brillen, Pilgerzeichen, Andachtsbilder oder Rückenkratzer.

The former Cistercian convent of Wienhausen near Celle was founded in the 13th century and is situated between the arms of the Aller. This photograph shows a view of the west wing of the closed quarters and (on the right) the convent church. The church pews, dating back to around 1280, and the well-preserved frescoes are considered unique. The same applies to the 15th century tapestries and textiles, which are put on display once a year in the week after Whitsun. The collection of smaller antiques discovered beneath the convent floorboards, including spectacles, pilgrims' talismans, miniatures of the saints and backscratchers, is no less fascinating.

Das Kerngebiet: der Naturschutzpark und seine Umgebung

Die naturräumliche Hohe Heide erstreckt sich als ein Endmoränenzug von den Schwarzen Bergen bei Harburg aus über die Wilseder Höhen bis hin zu den Sprakensehler Endmoränen. Die Berge erreichen meistens eine Höhe von 100 Metern oder mehr; am höchsten ist der 169 Meter hohe Wilseder Berg, der auch unter Carl Friedrich Gauß (1777–1855) als wichtiger Stützpunkt der Landesvermessung diente. Die Landschaft im Umkreis des Berges ist durch den Naturschutzpark zu einem zentralen Gebiet für die Beobachtung der „Heide" geworden. Denn hier erlebt der Betrachter noch am ehesten das Bild der sanft dahinschwingenden, wellenförmigen Flächen, die überwiegend mit Heidekraut, aber auch mit Gräsern und stellenweise sogar mit Krähenbeere bedeckt sind. Längst nicht weiträumig genug, geben sie wenigstens eine Ahnung von der unendlichen Weite, die früher von den Menschen als unheimlich erlebt wurde, bis diese Empfindung in das Gefühl des „Erhabenen" umschlug. Reiche Wacholderbestände, Waldstücke, abgelagerte Findlinge, Schafställe und Bienenzäune, kleine Moore, Siedlungen und Einzelhöfe mit Acker- und Weideland akzentuieren das Bild. Das Gebiet von etwa 20 Kilometern Länge und bis zu 10 Kilometern Breite steht seit 1921 unter behördlichem Naturschutz. Das bedeutet: Motorfahrzeuge dürfen nicht verkehren, von wenigen Verbindungsstraßen abgesehen; Wege dürfen nicht verlassen werden; das Abpflücken von Kraut und Früchten ist nicht gestattet, und jegliche Änderung oder Pflegemaßnahme muß von der Naturschutzbehörde genehmigt sein. Geschützt werden sollen zwar auch hier Flora und Fauna, in besonderem Maße aber das Landschaftsbild im ganzen. Zugangsorte zum Naturschutzpark sind Egestorf, Hanstedt, Ober- und Niederhaverbeck, Schneverdingen sowie Undeloh-Wesel. Als Ausgangspunkte empfehlen sich aber weitere Orte an der Grenze des Naturschutzparks: Behringen, Dierkshausen, Döhle, Holm, Inzmühlen, Ollsen, Sahrendorf, Schätzendorf und Volkwardingen. Wilsede kann nur zu Fuß oder mit der Kutsche erreicht werden.

Als erster hatte sich der „Heidepastor" Wilhelm Bode (1860–1927) für die überkommene Heidelandschaft engagiert. Dem geborenen Lüneburger wurde 1886 die Pfarrstelle in Egestorf zugewiesen. Er predigte dort nicht nur die Lehre des Christentums, sondern vertrat ebenso die Prinzipien der praktischen Vernunft, um den Lebensstandard seiner Bauern zu verbessern. Ihm verdanken sie eine Spar- und Darlehnskasse, eine Viehversicherung, den gemeinsamen Einkauf von Futter- und Düngemitteln sowie eine zentrale, hygienisch einwandfreie Wasserversorgung unter Nutzung der Windkraft zum Pumpen. Wilhelm Bode liebte die Heidelandschaft. Sein Vater soll gesagt haben, es wäre ein großes und gutes Werk, diese für die kommenden Generationen zu erhalten. Seine Worte hat der Sohn beherzigt. Als er erfuhr, daß der „Totengrund" für kommerzielle Nutzung verkauft werden sollte, suchte er nach Geldgebern, um dem zuvorzukommen. Schließlich fand er in Professor Thomsen aus Münster einen Mitstreiter. 1906 gelang es Wilhelm Bode, das Tiefgelände zu erwerben und damit eine private Schutzzone zu schaffen. Schon damals war man bestrebt, die Landschaft auch für die Öffentlichkeit zu erschließen.

Bernhard Dageförde, ein „Heideschulmeister", richtete in Wilsede ein Heidemuseum ein. Zu diesem Zweck erwarb er ein Bauernhaus auf Abbruch und ließ es von Hanstedt nach Wilsede versetzen: „Dat ole Huus" wurde 1907 eröffnet und ist heute ein sehr gut frequentiertes Bauernhaus-Museum, unter anderem mit einer Darstellung des Imkerwesens und Funden aus vorgeschichtlicher Zeit. Dann sollte der Wilseder Berg verkauft werden, auf dem sich die Gastronomie etablieren wollte. Bode gelang es, für eine Rettungsaktion Spielraum zu gewinnen. Amtliche Stellen sahen zunächst keinen Handlungsbedarf, wohl aber der Winsener Landrat Ecker, ein Mitglied des 1909 gegründeten Vereins Naturschutzpark. Er benachrichtigte seinen Vorstand, und dieser ließ durch Kurt Floericke umgehend ein Gutachten erstellen, das den Verein zum Eingreifen bewog. In einem etwas später geschriebenen „Mahnwort an das deutsche Volk" stellte Floericke das „Heideprojekt" vor. Er erinnerte auch an den vielfältigen Artenbestand der Fauna und würdigte die Landschaftsform der Heide.

Die Rettung des Wilseder Berges gelang schließlich „zum großen Jubel aller Naturfreunde noch in zwölfter Stunde, nachdem der damals finanziell noch wenig kräftige Verein durch das hochherzige Entgegenkommen einiger besonderer Gönner in die Lage versetzt war, den 100 000 Mark betragenden Kaufpreis in bar entrichten zu können" (Kurt Floericke, 1910). Dazu kamen Zuschüsse aus Hamburg, Bremen und von der preußischen Regierung sowie Einnahmen aus einer Lotterie zugunsten einer weiteren Ausgestaltung des Naturschutzparks. Der Gutachter Kurt Floericke hatte auch die Zunahme des Fremdenverkehrs vorausgesehen und den daraus resultierenden Gewinn als Ausgleich für naturschutzbedingte Nutzungsbeschränkungen eingeschätzt. In einem Punkt irrte er jedoch: Er definierte Naturschutzparks als nach Quadratmeilen zu messende Landkomplexe, „die soweit es überhaupt möglich ist, vollständig und in jeder Beziehung dem urwüchsigen und schrankenlosen Walten der freien Natur überlassen bleiben". Erst in heutiger Zeit ist der Charakter der Lüneburger Heide als landwirtschaftlich bedingte Kulturlandschaft betont worden, die ihre Gestalt den Eingriffen des Menschen

und des Viehs verdankt. Der Natur überlassen, wäre die Heide längst mit Birken und Kiefern zugewachsen, was stellenweise schon der Wacholder geleistet hat.
Dem „Verein Naturschutzpark e. V." obliegen im Einvernehmen mit den Naturschutzbehörden erhebliche planerische und finanzielle Anstrengungen, um das Bild der Heide gegenüber dem „schrankenlosen Walten der freien Natur" zu erhalten. Wer die Heide liebt, sollte deshalb den „Verein Naturschutzpark e. V." (Niederhaverbeck, 29646 Bispingen) unterstützen. Das 1993 neu ausgewiesene Naturschutzgebiet wurde etwas ausgedehnt und umfaßt jetzt etwa 21 800 Hektar. Davon befinden sich rund 6 500 Hektar im Besitz des Vereins. Wesentliche Anziehungspunkte sind die Heide- und Moorflächen. Das Naturschutzgebiet umfaßt weiterhin Forsten des Landes Niedersachsen, des Klosterfonds und Gegenden, die privaten Eigentümern gehören. Der Verein ist nach wie vor bestrebt, mit Hilfe von Spenden seinen Bestand an

„Hannibals Grab" bei Wilsede bekam seinen Namen wegen Ähnlichkeiten mit einem Bild gleichen Titels von Eugen Bracht (1842–1921).

"Hannibal's Grave" near Wilsede got its name because of its resemblance to a painting of the same name by Eugen Bracht (1842–1921).

schützenswerten Flächen zu vergrößern. Es bedurfte besonders motivierter und tatkräftiger Personen zur Verwirklichung der Idee des Naturschutzparks, wie auch seine Geschichte zeigt. Was dem Wanderer heute gratis geboten wird, mußte einst pionierhaft und mühsam vor der modernen Entwicklung bewahrt werden. 1906 wurde das „Wanderbuch durch die Lüneburger Heide" herausgegeben. In der 5. Auflage im Jahre 1920 fügte Eduard Gabain dem alten Vorwort eine Fußnote hinzu. Er stellte fest, daß sich seit damals manches in der Heide verändert habe: „Weite Strecken sind dem Wanderer durch die schnell zunehmende Bodenkultur entzogen worden und in absehbarer Zeit werden... wenige größere Heideflächen übrigbleiben... Besonders an den neuen Bahnstrecken verschwindet die Heide mit unheimlicher Geschwindigkeit... Nur einige dem Pfluge unzugängliche Heidehügel und Schafstallruinen erinnern noch an unwiederbringlich vergangene Zeiten."
Die Heidestimmung wäre nicht vollkommen, wenn uns nicht dann und wann eine Heidschnuckenherde begegnete. Diese Tiere tragen zur Verjüngung der Heidekrautstrünke bei, sind aber nicht einmal kostendeckend zu unterhalten. Doch erfreulicherweise sind hier die Landkreise Soltau-Fallingbostel und Harburg eingesprungen. Neue Probleme wirft die Renaturierung der „Roten Flächen" auf, jener Gebiete im Südteil des Naturschutzparks, die aufgrund vertraglicher Abmachungen zu Panzerübungsplätzen degradiert waren und jetzt freigegeben werden.
Einen Weg sollte man an dieser Stelle erwähnen, auf dem sich die unterschiedlichen Formen der Heide und die Nutzungsarten der Natur erkennen lassen: Wiesengrund, Moore, Fischteiche, Weiden, Wald, hohe Wacholderheide und blanke Heide in bunter Folge. Auf verhältnismäßig kurzer Strecke zeigt der Professor-Maetzig-Weg von Döhle aus in Richtung Undeloh all diese Merkmale der Heidelandschaft.
Am Südwestrand des Naturschutzparks liegt Schneverdingen, Geburtsort des Malers und Grafikers Frido Witte (1881–1965), einer der hier ansässigen Künstler von breiter regionaler Wirkung. Beispiele seiner Werke sind im Heimathaus („Theeshof") und im Restaurant Schäferhof zu sehen. Witte beherrschte nicht nur den Umgang mit der Zeichenfeder meisterlich, sondern auch den mit der Schreibfeder; die „Plauderei aus einem Heidedorf" mit Illustrationen ist erstmals im Jahr 1956 erschienen.
Soltau, das sich zum „Herz der Heide" erklärte, blickt mit Stolz auf das Jahr 936 zurück, als der Ort zum erstenmal erwähnt wurde. Dort gibt es zwei interessante Museen: ein universelles des Heimatbundes, unter anderem mit Werken von Frido Witte, und ein privates, das Spielzeug und Puppen zeigt. Tradition hat das international bekannte „Soltauer Zinn", die Gießerei fertigt noch Gerät nach Entwürfen von Witte. Beliebtes Ausflugsziel ist das malerische Visselhövede mit der Visselquelle; von dort ist es nicht weit bis Stellichte mit seinem Herrenhaus, einem Fachwerkbau von 1703. Eine landestypische Gutskapelle, um 1609 erbaut, steht nahebei.

Der Steingrund bei Wilsede im Naturschutzpark Lüneburger Heide war um die Jahrhundertwende noch eine von einzelnen Wacholdern durchsetzte Heidefläche. Aus Ehrfurcht vor dem Wacholder ließ man ihn unbehelligt und so wuchs im Verlauf von hundert Jahren ein dichter Wacholderwald. Damit hat sich ein neues und ungewöhnliches Vegetationsbild entwickelt, das seine Entstehung dem Naturschutz verdankt.

Around the turn of the century the Steingrund ("Stony Bottom") near Wilsede in the Lüneburg Heath Nature Reserve was just an expanse of heath dotted with the odd juniper. Out of respect for the juniper it was left undisturbed and so, in the course of a century, it developed into a dense juniper forest. Thus, thanks to nature conservation, a new and unusual type of vegetative scenery was born.

Dem Bedürfnis der Menschen nach Stunden der Einsamkeit und Stille ist die Weite der Heidelandschaft seit ihrer Entdeckung sehr entgegengekommen. Dichter wie Theodor Storm, Detlev von Liliencron oder der Altonaer Heinrich Zeise haben diese Stimmung der Heide oft beschrieben. Wer morgens in der Frühe oder am Abend über den Pastor-Bode-Weg wandert oder kleinere Pfade wählt, wird nur wenigen oder keinen Menschen begegnen und kann ungestört seinen Gedanken nachgehen.

Ever since it was first discovered, the broad expanse of the heathland landscape has been very obliging in satisfying the human need for a few hours of peace and quiet and solitude. Writers like Theodor Storm, Detlev von Liliencron and Heinrich Zeise from Altona often described the atmosphere on the Heath. Anyone walking along the Pastor Bode Way or one of the smaller paths early in the morning or at dusk will encounter few or no other fellow-humans and can concentrate undisturbed on his own thoughts.

Exotisch im Landschaftsbild der Heide wirkt der vielgestaltige Wacholder (Juniperus communis). Man unterscheidet Wuchsformen mit lockerem oder säulenförmigem Erscheinungsbild, mit aufrechten oder hängenden Zweigen. Das Bild zeigt einen „weiblichen“ Wacholder, denn der Strauch ist zweihäusig. An den Beeren ist vorne eine „Lebensrune“ sichtbar. Die Wacholderbeeren werden gern von Vögeln gefressen, was die Verteilung der Samen und Ausbreitung der Pflanzenart begünstigt. Nach altem Volksglauben diente der „Macholder“ oder „Machandel“ zur Räucherung bei Epidemien. Die Beeren werden zum Würzen von Schnaps, Sauerkraut und Braten verwendet.

The many shapes and types of juniper (juniperus communis) lend an exotic touch to the landscape. They come bushy, column-shaped, with upright or hanging branches. The photograph shows a “female” juniper with its dioecious foliage and berries bearing a “rune” on the front. Juniper berries are a favourite with birds, which aids the distribution of seed and helps to spread the species. In former times juniper, known as “Macholder” or “Machandel”, was popular for “fumigating” epidemics. The berries are used to flavour schnapps, sauerkraut and roasts.

In der Nordheide und den Elbmarschen

Im Norden wird die niedersächsische Lüneburger Heide von der Elbe begrenzt und doch reicht auch hamburgisches Staatsgebiet auf die Südseite des Flusses: Der Stadtteil Harburg mit Umland war einst hannoversches Terrain und fiel erst 1937 an die Hansestadt. Auf ihrem Gebiet liegt daher heute die „Fischbeker Heide", ein Naturschutzgebiet am Fuß des Falkenberges, der Überlieferung nach ein „Raubnest", von dem nur noch schwache Spuren vorhanden sind. Hier hatte der im Jahr 1870 geborene Maler Arthur Illies um 1896 seine Staffelei aufgestellt und Heidebilder gemalt, die heute als Meisterwerke in der Hamburger Kunsthalle hängen. Die angrenzende niedersächsische Region wird kurioserweise immer noch „Landkreis Harburg" genannt. Dies ist zwar traditionell begründet, aber doch irreführend, da die Verwaltung des Landkreises ihr Domizil in Winsen (Luhe) hat.

Wir beginnen mit einem Besuch im westlich gelegenen Moisburg an der Este: Dort erinnert das Amtshaus an die vergangene Würde als Amtssitz; gleich gegenüber steht eine ehemalige Wassermühle. Heute ist sie eine Museumsmühle, die ab und zu für das „Mühlenbrot" ihr Mahlwerk in Bewegung setzt. Mit Hilfe ihrer Wasserkraft wurden früher auch Münzen geschlagen. Zu einem Hauptanziehungspunkt der Nordheide entwickelte sich das Freilichtmuseum am Kiekeberg bei Ehestorf am Rande des großen Forstes Rosengarten. Es wurde schon vor dem Krieg vom Harburger Helms-Museum gegründet, ging in den 80er Jahren in den Besitz des Landkreises über und wird seitdem zügig ausgebaut. Zu den ursprünglich hier aufgebauten Hofanlagen aus der Heide gesellten sich Bauten aus der „Winser Marsch" sowie geräumige Hallen, in denen die Entwicklung des Landbaus präsentiert wird. Dampf- und Zugmaschinen der Landtechnischen Sammlung werden beim Traktortreffen in Bewegung gesetzt. Alltäglich beleben Heidschnucken, Rinder, Pferde, Schweine und Hühner das Gelände. Die Besucher erfreuen sich an den „Bauerngärten" und können Kräuter und alte Kulturpflanzen studieren. Durch Vorträge, Sonderausstellungen und Forschungsaufträge gehen vielfältige Impulse vom Kiekeberg aus.

In der Nähe von Klecken, im Klecker Wald, befindet sich eines der berühmten bis heute erhaltenen „Hünengräber" (ohne die Decksteine); die Steinsetzung vermittelt ein Bild von der einstigen Größe solcher Grabanlagen. Im Dorf Klecken ist am Anfang des 19. Jahrhunderts auch Hans Eidig, ein „Volksheld" der Nordheide, geboren. Er wilderte über die Grenzen des Lüneburgischen hinaus, hielt Gendarmen und Förster zum Narren, galt als Helfer der Armen und als ein Rebell gegenüber jeglicher Obrigkeit. Hundert Taler Belohnung wurden auf seinen Kopf ausgesetzt. Mit seiner Braut ging er 1835 nach Amerika, dort verloren sich seine Spuren. Von den unzähligen räuberpistolenhaften Anekdoten spielte eine auch in Winsen an der Luhe. Dort saß er wieder einmal auf dem Schloß in Haft und wettete mit dem Amtmann um seine Freilassung, falls es ihm gelänge, seinen Namen in die Wetterfahne auf dem Schloßturm zu schießen. Man gab ihm eine Büchse, und bald danach bildeten die Einschußlöcher in der Fahne seinen Namen.

Die Dreiflügelanlage des Winsener Schlosses ist das Wahrzeichen der Kreisstadt und ein Beispiel für die Architektur um 1600. Das Bauwerk geht jedoch auf eine viel ältere Wasserburg zurück. Glanzvoll war das etwas schwerfällig wirkende Schloß in der Zeit zwischen 1592 und 1617, als es Witwensitz der Herzogin Dorothea von Braunschweig-Lüneburg (geb. Prinzessin von Dänemark) war: Merians Topographie zeigt es mit einer prächtigen Renaissancegarten-Anlage. Es begründete die Tradition der Stadt als Verwaltungssitz, ab 1371 beherbergte es bereits die Zentrale der Obervogtei. Heute noch sind hier die Landesbehörden untergebracht. Auf dem Schloßplatz steht ein Magazingebäude von 1599, „Marstall" genannt. Der ansehnliche Fachwerkbau hat unter anderem das „Museum im Marstall" aufgenommen. Auf drei Etagen werden Stadt- und Handwerksgeschichte, Vor- und Frühgeschichte sowie eine Abteilung „Winser Marsch" gezeigt. Herausragende Exponate sind Intarsienmöbel und Stickereien, Erzeugnisse einer eigenständigen Volkskunst, die sich in der Vergangenheit hier herausgebildet hat. Einzigartig ist ein Ensemble von Fensterbierscheiben aus dem Jahr 1904, nach Entwürfen des Bardowicker Malers H. F. Hartmann (1870–1960) gefertigt. Sie sind im Geist der niedersächsischen Heimatbewegung entstanden – ein Paradebeispiel für die damaligen Versuche, älteres Brauchtum wieder zu beleben.

Ein Denkmal vor der Marienkirche in Winsen, ein gotischer Backsteinbau aus dem 14. Jahrhundert mit neugotischem Turm, sowie Gedenktafeln an den Häusern der Stadt verweisen auf den 1792 hier geborenen Dichter und Schriftsteller Johann Peter Eckermann, der später in Weimar Fuß faßte. Fast neun Jahre lang lebte er im Umgang mit Johann Wolfgang von Goethe und arbeitete an seinen „Gesprächen mit Goethe". Den großen Erfolg dieser „Gespräche" hat er nicht mehr erlebt. Sie haben weltweit das Goethe-Bild des 19. Jahrhunderts geprägt. Eckermann ist auch als Lyriker hervorgetreten und hat in seinem epischen Gedicht „Die Heimat" eine beeindruckende Schilderung der Stadt Hamburg und der Landschaft an der Oberelbe hinterlassen. Von der Universität Jena war er mit dem Doktortitel beehrt worden, und der Weimarer Hof verlieh ihm auch den Titel des „Hofrates". In Weimar starb er 1854 in sehr ärmlichen Verhältnissen. Das Eckermann-Archiv in Winsen sammelt seine Schriften sowie die reichhaltige Literatur, die zu Zeiten des Dichters und auch später hervorgebracht worden ist. Im Museum gibt eine Eckermann-Abteilung Auskunft über Leben und Werk des berühmten Schriftstellers.

Seit dem Mittelalter war die Verkehrslage der Stadt Winsen von besonderer Bedeutung. Der hamburgische Südverkehr lief nicht über Harburg, sondern über Bergedorf, überquerte bei Zollenspieker die Elbe und ging über Winsen (Luhe) nach Lüneburg; dort verzweigte sich die hansische Handelsstraße in viele Richtungen. Bis zum Aufkommen der Eisenbahn rollten hier auch die Post- und Reisekutschen, so daß einige namhafte Durchreisende eine Notiz hinterließen: Hans Christian Andersen, Matthias Claudius, Jens Immanuel Baggesen oder Elisa von der Recke. Die Reisenden zogen auf dem Weg von oder nach Lüneburg auch an Bardowick vorbei, dessen große Bedeutung längst vergangen war. Carl Julius Weber sah „einen Flecken von etwa 100 elenden Hütten um die majestätische Dom-Ruine, an der Stelle der Stadt, die ihr eigener Landesherr zerstörte". Das war Heinrich der Löwe (1129–1195), der die Stadt 1189 schleifte, nachdem ihm die Stadtväter unbotmäßig gegenübergetreten waren. Auf das hohe Alter des Ortes weist die Legende vom heiligen Marianus hin, der 782 hier den Märtyrertod erlitten haben soll. Bardowick war der Hauptort des Bardengaues. Der Name Bardengau ist eine schon im Jahr 780 auftauchende Bezeichnung für das Land an der Elbe zwischen der Seeve und der Westgrenze des Landkreises Lüchow-Dannenberg. Ebenso war Bardowick wichtige Transitstelle für den Ost-West-Handel und Münzstätte. Das Domportal stammt aus dem 13. Jahrhundert, und die Fertigstellung der dreischiffigen Hallenkirche erfolgte Ende des 15. Jahrhunderts. Auch ein prachtvoll geschnitztes Chorgestühl und der St. Nikolaihof gehen auf diese Zeit zurück. Das ehemalige Leprosenheim mit eigener Kapelle bildet eine romantisch unter alten Eichen gelegene Gebäudegruppe.
Weitere Sakralbauten der nördlichen Heide sind hervorzuheben. In der ehemaligen Stiftskirche (St. Sixtus und St. Sinnitius) zu Ramelsloh sind im Chor eindrucksvolle Glasfenster aus dem 15. Jahrhundert erhalten.

Die St. Martins-Kirche in Raven mit ihrem quadratischen Westturm geht ebenfalls auf das 15. Jahrhundert zurück; sie steht auf einem Bergsporn, dessen Hang im Frühling von Narzissen übersät ist. Im Innern der Kirche ist ein spätgotischer Schnitzaltar zu bewundern. Der runde Turm von St. Johannes in Salzhausen wurde Anfang des 13. Jahrhunderts geschaffen und ist ein reizvoller Kontrast zum Ostgiebel in Fachwerkbauweise von 1643. Den Typ der älteren Feldsteinkirchen vertritt St. Mauritius in Hittfeld, Ende des 12. Jahrhunderts erbaut. Hier steht noch ein hölzerner Glockenstuhl neben der Kirche, wie es auch in Jesteburg der Fall ist. Dort findet man ihn neben einem klassizistischen Saalbau (1841/42) des regional bedeutsamen Kirchenbauers Ludwig Hellner. Dann folgt beim nahegelegenen Lüllau ein eigentümlicher Sakralbau: Der in Hamburg lehrende Bildhauer und Maler Johann Michael Bossard (1874–1950) hat um 1929 einen „Kunsttempel" im expressionistischen Stil auf Heidegrund errichtet. Wohn- und Atelierhaus, Skulpturenallee und Innengestaltung sind eine Verwirklichung seiner Idee eines Gesamtkunstwerks.
Waldgänger haben in dem alten Forst Rosengarten, im Garstedter Forst oder im Forst Buchwedel sehr gute Wandermöglichkeiten. Landschaftlich reizvolles Hügelgelände bietet auch die Umgebung von Raven, und in Soderstorf kann man die Ruhe des oberen Luhetals genießen. In Bispingen steht noch eine alte Feldsteinkirche. Aber auch die archäologisch erschlossene „Oldendorfer Totenstatt" bei Amelinghausen sollte nicht übergangen werden. Ein malerisches Marschendorf mit Wasserarmen ist Oldershausen. Das schön gelegene St. Dionys mit seiner ausdrucksstarken neugotischen Kirche ist ebenfalls einen Besuch wert.
Eine gute Sicht auf das Obst- und Gemüseanbaugebiet an der Elbe gewährt die „Elbuferstraße" von Bullenhausen über Laßrönne, Marschacht, Tespe und weiter elbaufwärts nach Artlenburg mit seiner Rotdornallee, nach Bleckede mit seiner schönen Schloßanlage und dann an dem Steilufer entlang über Neu Darchau bis nach Hitzacker. Landeinwärts ermöglichen mehrere Großsteingräber bei Barskamp im Schieringer Forst eine eindrucksvolle Begegnung mit der Vorzeit.
Landesgeschichte hält das Heimatmuseum St. Laurentius in der alten Kapelle zu Dahlenburg bereit, denn darin befindet sich neben der Sammlung zur Ortsgeschichte ein mit 1 500 Zinnfiguren bestücktes Diorama vom Gefecht an der Göhrde von 1813.

Damals wie heute halten Schafherden die Grasnarben auf den Elbdeichen kurz. Vor der Wollschur mußten sich die Tiere einer unsanften Prozedur des Waschens unterziehen.

Then as now flocks of sheep keep the turf on the Elbe dikes well-trimmed. Before shearing the animals were subjected to a rough washing.

Das Freilichtmuseum am Kiekeberg bei Rosengarten-Ehestorf im Landkreis Harburg ist ein Hauptanziehungspunkt in der Nordheide: Bauernhäuser aus Heide und Marsch, Scheunen, Ställe, Speicher, vielerlei Vieh und Bauerngärten. Als Besonderheit wird die wohl umfangreichste Sammlung landwirtschaftlicher Geräte und Maschinen in den Hallen der „Landtechnischen Sammlung“ gezeigt. Darunter befinden sich auch zahlreiche historische Trecker und ein Dampfpflug. In drei Phasen kann hier die Entwicklung des Pflügens, Mähens und Dreschens nachvollzogen werden.

Kiekeberg open air museum near Rosengarten-Ehestorf in the Harburg district, with its typical heath and marshland farmhouses, barns, stables, stores, cattle and cottage gardens, is a favourite spot for outings in the northern Heath. A special feature is what must be the most comprehensive collection of agricultural implements and machines on show in the rooms housing the "farming technology" collection. The collection includes numerous historic tractors and a steam plough. Here you can trace three stages in the development of ploughing, mowing and threshing.

Die Südansicht der ehemaligen Stiftskirche St. Peter und Paul in Bardowick im Landkreis Lüneburg: Das Gotteshaus wird gewöhnlich „Bardowicker Dom" genannt, obwohl diese Bezeichnung sachlich nicht zutreffend ist. Die Ausmaße der Kirche übersteigen aber den lokalen Bedarf – sie ist ein Bauwerk, das vor allem zur Ehre Gottes errichtet wurde. Die Doppeltürme an der Westseite des Gebäudes sind in der flachen Landschaft ein weithin sichtbares Wahrzeichen. Das Denkmal ist den Gefallenen des deutsch-französischen Krieges von 1870/71 gewidmet und ähnelt dem Niederwalddenkmal am Rhein.

A view of the south front of the former collegiate church of SS Peter and Paul in Bardowick near Lüneburg. It is commonly known as "Bardowick Cathedral", although this description is not strictly true. But the church's dimensions certainly exceed local requirements it is an edifice which was erected above all to the glory of God. The twin towers on the west side of the building are an emblem visible from a great distance in the flat surrounding countryside. The monument is dedicated to the fallen of the 1870/71 Franco-Prussian war and resembles the Niederwald Memorial on the Rhine.

Das am Rand der Stadt über der Elbe gelegene Bleckeder Schloß wurde um 1600 auf den Überbleibseln einer älteren Wasserburg errichtet. Von dieser sind nur Graben und Turmreste erhalten geblieben. Die Anlagen dienen heute der Stadt und dem Kreis als Kulturstätte. Hier hält bei gutem Wetter im Garten und Hof der „Musikalische Frühling" Einzug. Im Nebengebäude stehen Ateliers für Stipendiaten zur Verfügung, die dort eine Zeitlang künstlerische Studien betreiben können. Bleckede gehört zum Landkreis Lüneburg und liegt an der Elbufer-Straße.

Bleckede Castle, situated on the outskirts of town overlooking the River Elbe, was built in the 16th century on the remains of an earlier moated castle of which only the moat and some tower ruins remain. Nowadays the castle and grounds serve the town and district as a cultural venue. In good weather the garden and courtyard mark the advent of spring with a music festival. The annex houses studios available for scholarship holders to pursue their artistic studies for a while. Bleckede, in Lüneburg district, is situated on the "Elbufer-strasse", the scenic route which runs alongside the River Elbe

Das Schloß der Herzöge von Braunschweig-Lüneburg gilt als Wahrzeichen der Stadt Winsen (Luhe). Es diente als Verwaltungs- und von 1592 bis 1617 als Witwensitz der Herzogin Dorothea. Der einst von der Luhe bewässerte Schloßgraben ist gut erhalten und erweitert sich südlich zu einem Schloßteich. In seinem Randbereich wächst als botanische Seltenheit der Seltsame Lauch (Allium paradoxum). Mit altem Baumbestand schließt sich ein kleiner Park in englischem Stil an. Die Schloßgebäude bergen keine Kunstschätze mehr, sondern dienen heute als Sitz des Amtsgerichts.

The castle of the Dukes of Brunswick and Lüneburg is the emblem of the town of Winsen on the River Luhe. It was their administrative seat and from 1592 to 1617 the widow's residence of Duchess Dorothea. The castle moat, once fed by the waters of the Luhe, is well preserved and, further southwards, broadens out into a castle lake. The lake's edge provides a habitat for a botanical rarity, allium paradoxum, a member of the leek family. The adjoining park with its ancient trees is laid out in the English style. The castle buildings no longer contain artistic treasures. They now house the county court.

Die alte Eisenbahnbrücke über die Elbe wurde 1871/73 erbaut und verband damals bei Dömitz preußisches mit Mecklenburger Gebiet. Mit dem rund einen Kilometer langen Brückenwerk wurde nicht nur der Flußlauf, sondern auch ein beträchtliches Stück des Deichvorlandes überbaut. Die Brückenköpfe waren mit eindrucksvollen Doppeltürmen im Burgenstil versehen. Die Brücke wurde im April 1945 durch Fliegerangriff zerstört. Das westliche Teilstück – hier im Bild – bleibt als Kulturdenkmal erhalten. Eine nach der Wiedervereinigung nordwestlich davon erbaute neue Brücke dient dem Autoverkehr.

The old railway bridge over the Elbe near Dömitz was built in 1871/73 and at that time linked Prussia and Mecklenburg. The one-kilometre (five-furlong) bridge spans not only the river but also a sizeable chunk of the dike foreshore. The bridgeheads were adorned with impressive castle-like twin towers. In April 1945 the bridge was destroyed in an air raid. The western section shown here in the photograph remains as a cultural monument. After German reunification a new bridge was built to the northwest of this one to carry road traffic.

Uelzener Becken und Hannoversches Wendland

„Uelzen liegt in fruchtbarster Gegend, wie die Existenz einer Rübenzuckerfabrik sogleich ankündigt. Der Ort liegt da, wo die Quellbäche der Ilmenau von allen Seiten zusammenströmen, die Wipperau, der Liedernerbach, die Esterau, Aue, Bornbeck, Hardau, die Gerdau mit der Schwienau“ (Richard Linde). Die Stadt geht auf ein um 970 in „Ullishusen“, dem heutigen Oldenstadt, gegründetes Kloster zurück. Was die Bürger auszeichnete, war der mutige Schritt, sich vom damaligen Grundherrn zu lösen und die Siedlung um 1260 auf einer Ilmenau-Insel neu zu gründen. Sie kam unter die Herrschaft der Welfen. Erstaunlich ist nun, daß Neu-Uelzen nach einem Planungsschema angelegt wurde, das dem Grundriß der von Heinrich dem Löwen gegründeten Stadt München ähnlich ist. „Die Einteilung des Baugrundes (von Uelzen) in Einheitsgrundstücke... ist heute noch weitgehend erhalten“ (E. Woehlkens). Als Wahrzeichen der Stadt dient neben der „Eule“ das „Goldene Schiff“, ein Tafelaufsatz des 13. Jahrhunderts, der im Turm von St. Marien aufbewahrt wird. Auch dieser Turm glich einst mit seinen vier Ziergiebeln einem anderen Bauwerk, nämlich dem Turm von St. Johannis in Lüneburg. Die Bedeutung Uelzens als Handelsplatz geht aus seiner Mitgliedschaft in der Hanse und im Satebund hervor. Weitere Zeugen älterer Vergangenheit sind die Heiligen-Geist-Kapelle (1321–1446), die St.-Viti-Kapelle eines ehemaligen Leprosenhospitals (um 1410) und die Gertrudenkapelle (um 1510). Das im Park gelegene Museum im Herrenhaus von Holdenstedt bietet unter anderem bürgerliche Wohnkultur durch die Jahrhunderte sowie eine schöne Sammlung alter Gläser.

Zum Anziehungspunkt ist auch das Landwirtschaftsmuseum in Hösseringen geworden. Wo nebenan auf dem Landtagsplatz die Landstände tagten, erheben sich jetzt Bauernhäuser, grasen Heidschnucken, hallen Schläge aus einer Dorfschmiede und breiten sich alte Bauerngartenpflanzen und Obstbäume unterschiedlichster Sorten aus. Der Stolz gilt dem Brümmerhof, einem ebenso gigantischen wie reich verzierten Hallenhaus, aus der Gegend von Soltau hierher versetzt. Das Museum hat sich nicht zuletzt durch interessante Sonderausstellungen einen Ruf erworben. Südöstlich in Bodenteich gibt es die Möglichkeit, eine aus dem 13. Jahrhundert stammende Burgruine zu erkunden; auf der Fahrt sieht man auch die schön geschwungenen, 130 Meter hohen „Wierener Berge“. Nicht vergessen werden soll die Kapelle von Bokel (1471); vielleicht war sie als religiöser Erbauungsort am Braunschweiger Frachtweg gedacht, der hier entlangführte.

Das am Ortsrand von Ebstorf schön gelegene Kloster besitzt einen Baubestand, der im wesentlichen aus dem 14./15. Jahrhundert stammt.

The buildings of the monastery situated picturesquely on the outskirts of Ebstorf for the most part date back to the 14th and 15th centuries.

Auch der Landkreis Uelzen kann seinen Gästen den Anblick eines sonst kaum noch existierenden Landschaftsbildes bieten. Bei Ellerndorf, von der B 71 aus zwischen Uelzen und Munster zu erreichen, findet sich in der „Ellerndorfer Heide" eine schöne, mit Wacholder durchsetzte Heidelandschaft, die auf einem Spaziergang durchquert werden kann.
Nördlich von Uelzen lenken zwei Klöster die Aufmerksamkeit auf sich: Kloster Medingen und Kloster Ebstorf. Nach Medingen war im Jahr 1336 ein Zisterzienserinnen-Kloster verlegt worden. Es wurde nach der Reformation wie üblich zum Damenstift. Als Musterstück des Übergangs vom Barock zum Klassizismus gilt der nach einem Brand neu errichtete Gebäudekomplex von 1788. „Der vorwiegend in Weiß, Blau und Gold gehaltene Kirchenraum ist mitsamt der Einrichtung im Gestühl, Taufbecken und Altarschranken stilrein erhalten" (Reclams Kunstführer, V). Erwähnenswerte Altertümer sind der silberne Krummstab der Äbtissin und eine Statue des heiligen Mauritius (um 1500), dem das Kloster geweiht war. Aus der Zeit des Mittelalters ist nur das Brauhaus erhalten geblieben.

Die Bauten des in der zweiten Hälfte des 12. Jahrhunderts gegründeten Benediktinerinnen-Klosters in Ebstorf sind ebenso sehenswert. Wie auch die anderen Heideklöster wurde es nach der Reformation in ein Damenstift umgewandelt. Die Kirche ist dem heiligen Mauritius geweiht, und so gibt es auch hier eine um 1300 entstandene Mauritius-Figur. Im Kreuzgang befinden sich besondere Schlußsteine und Glasmalereien. Einzigartig ist die um 1240 auf Pergament gemalte Ebstorfer Weltkarte. Sie ist erst um 1830 ans Tageslicht gekommen, wurde im Jahr 1835 in das Staatsarchiv Hannover gebracht und verbrannte dort während des Zweiten Weltkriegs. Eine originalgetreue Kopie in Ebstorf zeigt den damals bekannten Welt-„Kreis" in einem Durchmesser von rund 3,5 Metern. Ein zweites Exemplar besitzt das Museum für das Fürstentum Lüneburg in Lüneburg. Dort existiert auch eine erstaunlich minutiöse elektronische Darstellung der Karte, alle Bild und Text betreffenden Details können auf einem Bildschirm nachvollzogen werden.
Das geheimnisvolle „Hannoversche Wendland" ist heute der Landkreis Lüchow-Dannenberg. Was war das „Wendische" an dieser Landschaft? Die Sprache der Wenden, das Polabische, wurde noch Anfang des 18. Jahrhunderts von einigen Leuten gesprochen. Zahlreiche Flur- und Ortsnamen erinnern daran, wie z. B. „Meuchefitz" oder „Salderatzen". Eigenart verrät auch das wendländische Platt, beispielsweise mit seinem Wegfall des Artikels: „Wenn Butter all ist, hört Smeern up" oder mit der Verkleinerungssilbe „-ki": „Wenn Köpki trunken hat, will Füsski danzen." Das Augenfälligste aber sind die „Rundlinge", ursprünglich hufeisenförmig angelegte Dörfer, die durch Zusiedlung im Laufe der Zeit rund geworden sind. Hielt man das anfänglich für eine typische Siedlungsform der Slawen oder für Anlagen zu Verteidigungszwecken, so gilt heute eine andere Erklärung: Die „Rundlinge" sind nach gleichem Schema von den zu-

ständigen Grafen angelegte Dörfer, in denen im 12. Jahrhundert sowohl Deutsche als auch Slawen angesiedelt wurden.
Man darf diesen Vorgang vielleicht als den westlichsten Teil der deutschen Ostkolonisation betrachten. Rund hundert Dörfer dieser Art sind bekannt. Es gab nur einen Zugang zum Dorf, diesem gegenüber lag der Schulzenhof, der etwa die doppelte Ackerfläche besaß. Kirchen und Kapellen befanden sich meist außerhalb des Dorfes oder sogar auf weiter Flur, wenn sie für mehrere Dörfer zuständig waren. Das Fachwerk der Bauernhäuser wirkt besonders im Süden mit seinen enggestellten Gebälkquadraten eigentümlich „kariert"; auffällig sind auch die zierlich gedrechselten Firstsäulen, volkstümlich „Wendenknüppel" genannt, obgleich sie nicht nur im Wendland vorkommen.
In früherer Zeit sind die Wendländer oft verleumdet worden, es hieß, sie seien grob, verschlagen, heimtückisch und neigten zu Hexerei und Brandstiftung. Die Brandstatistik hat letzteres widerlegt, und Johann Taube ist schon 1769 nach einer Reise dieser Unwahrheit entgegengetreten. Er hatte herausgefunden, daß die Wendländer „viel höflicher und dienstfertiger gegen Fremde (sind), als einige Land-Leute anderer Gegenden dieses Chur-Fürstentums".
Die Landschaft des Landkreises ist vielgestaltig, überall begegnet man Wäldern, von denen die Göhrde im Westen als Standort der geschätzten Göhrde-Eichen und als Jagdrevier der Herzöge sowie des letzten Kaisers einen klangvollen Namen hat. Wie ein Riegel schiebt sich zwischen Göhrde und dem Osten der bewaldete Höhenzug des Drawehn; seine höchste Erhebung ist der Hohe Mechtin (142 Meter mit Aussichtsturm). Einen Kontrast dazu bildet die flache Dannenberger Marsch mit ihren Wasserflächen, in denen die Sonnenuntergänge schimmernd reflektieren. Die Parklandschaft des „Elbholzes" bei Pevestorf unterhalb des Höhbecks (75 Meter) gehört zu den eindrucksvollsten Landschaftsgebieten überhaupt. Die 200 Hektar große „Nemitzer Heide" bei Trebel entstand nach einem Waldbrand und zeigt beispielhaft, daß auch diese Region einst mit Heidevegetation bewachsen war und zu Recht als „Ostheide" bezeichnet werden konnte. Im Süden des Landkreises haben sich alte Landschaftsnamen erhalten: Forst Lucie, der Öring, der Lemgow, die Swienmark.
Der kunsthistorische Reichtum des Landkreises zeigt sich besonders an und in den Sakralbauten. An erster Stelle stehen über ein Dutzend alte Feldsteinkapellen, zum Beispiel in den Orten Lübbow, Schäpingen, Thune und Spithal. Dem Baustil der Romanik begegnet man in Schnackenburg und dem der Gotik in Bösel, Plate oder Lüchow. Interessant ist die jüngst restaurierte Innenausstattung der Gutskapelle Breese im Bruche, die im Stil ländlicher Renaissance der Celler Schloßkapelle nachempfunden

Die historische Aufnahme zeigt das verträumte Schnackenburg im Nordostzipfel des Hannoverschen Wendlandes. Hier mündet der Aland in die Elbe. Im breitgelagerten Wiesenland zwischen beiden Gewässern erlebt der Spaziergänger auch heute noch die Weite und den hohen Himmel der Marsch.

This historic photograph shows the sleepy village of Schnackenburg at the north-east tip of Hanoverian Wendland. Here the Aland flows into the Elbe. In the broad meadows between the two rivers, walkers can still enjoy the wide open space and lofty sky of the marsh country.

ist. Wer barocke Sakralkunst erleben möchte, fährt nach Gartow oder Hitzacker. In Bergen/Dumme und Bülitz sind Bauten in klassizistischem Stil zu bewundern. Neuromanik oder Neugotik findet der Reisende in Kapern, Breselenz, Simander und Clenze. Damnatz, Gulden, Riebrau, Jeetzel und Gistenbeck besitzen reizvolle Fachwerkkirchen oder -kapellen. Einige Taufengel, die zur Taufsitte des 17. und 18. Jahrhunderts gehörten, haben sich im Hannoverschen Wendland erhalten: in Schnackenburg, Meuchefitz und in Zeetze. Die Engel schwebten von der Decke und hielten das Taufbecken mit ihren Händen. Zu nennen wäre auch die Barockorgel in Trebel, sie ermöglicht Musikfreunden ein besonderes Klangerlebnis.

Auch Museen findet man in sehr großer Zahl. Auf dem Gelände des „Wendlandhofes" in Lübeln werden bäuerliche Gebäude wie Altertümer „gesammelt". Auch ein von einem Flechtzaun umgebenes Würz-, Heil- und Zierkräutergärtchen wird sorgsam gepflegt. Die neueingerichtete Trachtenabteilung darf als besonders gelungen bezeichnet werden. Hier fand auch das an diesen Ort versetzte Haus des Johann Parum Schulze seine Bleibe. Ihm ist eine „Bauernchronik" aus der Zeit um 1725 zu verdanken, in der das Leben vergangener Epochen geschildert wird.

In Dannenberg, einstmals Sitz der Grafen von Dannenberg, steht der mittelalterliche Waldemarturm, in dem König Waldemar II. von Dänemark zwischen 1323 und 1325 gefangengehalten wurde. Auf dem alten Friedhof befindet sich das Grab der Eleonore Prochaska (1785–1813), die 1813 als Mann verkleidet unter den Lützower Jägern im Gefecht an der Göhrde gegen die Franzosen kämpfte und tödlich verwundet wurde. Im malerisch gelegenen Hitzacker hat man vom Weinberg aus eine gute Aussicht auf das Umland. Auf dem Berg befinden sich die Fundamentreste einer mittelalterlichen Burg. Der Ort Gartow glänzt mit dem um 1710 erbauten Barockschloß der Grafen von Bernstorff und mit seinem großen See. In Lüchow beherbergt der im Brand von 1801 unzerstört gebliebene Turm des Schlosses der Grafen von Lüchow ein Heimatmuseum. Zu den kulturellen Erlebnismöglichkeiten, die die historischen Bauten und die Museen bieten, kommt eine Fülle großer und kleiner Veranstaltungen hinzu: die „Sommerlichen Musiktage" in Hitzacker, der Pfingstmarkt der Kunsthandwerker in Kukate, die Musik beim „Schreyahner Herbst", der Rundlingstag oder die Tagungen des „Heimatkundlichen Arbeitskreises", um nur einige zu nennen.

Die Vielfalt des Wendlandes, wie sie für die Landschafts- und Kulturwerte hier dargestellt ist, gilt auch für das Klima und die Vegetation. Im Wendländischen mischen sich ozeanische und kontinentale Witterungseinflüsse, die sich auch auf die Pflanzenwelt auswirken. Beim Studium der Botanik ergibt sich manche Überraschung: Um den ehemaligen Kalischacht bei Schreyahn hat sich sogar eine Salzflora entwickelt. Auch die Ornithologen haben ein großes Betätigungsfeld und kümmern sich intensiv um ihre Fauna. Dank reichlich vorhandener und hervorragend fundierter heimatkundlicher Literatur kann jedoch auch ein Laie dem Land, seiner Geschichte und Natur näherkommen.

Hitzacker im Landkreis Lüchow-Dannenberg gehört zu den Orten, die besonders schön gelegen sind: am Fuß des Weinbergs, auf dem tatsächlich einst Reben gezogen wurden, und an der Elbe-Mündung der vom Süden her zuströmenden Jeetzel. Im Zollhaus von 1589, dem ältesten Gebäude in Hitzacker, befindet sich das nach dem Begründer benannte „Walter-Honig-Museum" mit Vor- und Frühgeschichte, Stadthistorie, Flußschiffahrt, Bürgerhausrat und Leinenbereitung aus Flachs. Ein weithin berühmtes kulturelles Ereignis sind die „Sommerlichen Musiktage" in Hitzacker.

Hitzacker in Lüchow-Dannenberg district lies in a particularly lovely location at the foot of the Weinberg, once covered in vineyards, and at the confluence of the Elbe and the River Jeetzel, which flows into the Elbe from the south. The 1589 customs house, the oldest building in Hitzacker, now houses the Walter Honig Museum, named after its founder. The collections cover prehistory and ancient history, the history of the town, river shipping, household items and information on the making of linen from flax. Hitzacker's "Summer Music Days" are a cultural event the reputation of which has spread far and wide.

Heimat
museum

Das Rundlingsdorf Lübeln im Landkreis Lüchow-Dannenberg ist ein beliebter Treffpunkt für Ausflügler, nicht nur wegen des Kartoffel-Restaurants und des im Dorf nach alter Tradition gebackenen Bauernbrots. Aus dem Angebot des Freilichtmuseums sind die Trachtenschau sowie das Gärtchen hervorzuheben, in dem die alten Bauerngartenpflanzen versammelt sind. Hier steht auch das Wohnhaus des Johann Parum Schulze (1677–1740), der eine Bauernchronik von unschätzbarem historischem Wert verfaßte.

The "Rundlingsdorf" or historic circular village of Lübeln in Lüchow-Dannenberg district is a popular spot for outings, and not just on account of its potato restaurant and the local farmhouse bread, which is still baked in the traditional way. The highlights of the open air museum are a collection of traditional costumes and the little garden with its display of traditional cottage garden plants. In Lübeln, too, you will find the house of Johann Parum Schulze (1677–1740), who wrote a farmer's chronicle of immense historic value.

Eine Symphonie in Ziegelrot bilden die Mauern und verschiedenen Formen der Dächer: Die Gebäude des ehemaligen Benediktinerinnen-Klosters Ebstorf im Landkreis Uelzen stammen aus dem 14./15. Jahrhundert. Kunstfreunde sind angetan von der gut erhaltenen Klosteranlage mit dem Kreuzgang, den kostbaren Glasmalereien und der reichen Kirchenausstattung, die aus verschiedenen Zeitabschnitten stammt. Ein Kulturgut ersten Ranges ist die dort gezeigte „Ebstorfer Weltkarte“ aus dem 13. Jahrhundert.

The walls and varied roof shapes of the former Benedictine Monastery of Ebstorf in Uelzen district, dating from the 14th and 15th centuries, form a symphony in brick red. Art-lovers are captivated by the well-preserved monastery complex with its cloisters, stained glass and sumptuous, opulent church interior dating from various periods. The 13th-century "Ebstorf Map of the World" on show there is a cultural treasure of the highest order.

Die im Kern mittelalterliche Kirche von Satemin im Landkreis Lüchow-Dannenberg liegt wie im Hannoverschen Wendland fast immer am Rand des Dorfes. Das Erscheinungsbild des Kirchenbaus wird von einem aus Feldsteinen gemauerten Turm bestimmt, der durch kräftige Stützpfeiler und das überragende, auf Knaggen ruhende Dach noch betont wird. Das Geläut schlägt eine „Marienglocke" von 1478.

The church of Satemin in Lüchow-Dannenberg district with its mediaeval core is situated, as nearly always in the Hanoverian Wendland, on the edge of the village. The church's distinguishing feature is the tower built of natural stone, further emphasised by powerful supporting columns and an overhanging roof, which rests on wooden blocks. The bells ring a "Virgin Mary peal" dating back to 1478.

Eine der anmutigen Fachwerk-Kirchen des Hannoverschen Wendlandes ist südlich von Lüchow in dem Dorf Jeetzel zu entdecken. Der Ort liegt in der Nähe des gleichnamigen Flusses. Rechts erkennt man den auf einem Feldsteinsockel aufgemauerten Teil des Chors, in der Mitte das mit Ziegelsteinen ausgefachte Fachwerk und links den daran angelehnten hölzernen Glockenturm, der noch mit handgesägten Eichenbrettern verschalt ist. Er wird von einer mächtigen Linde überragt. Die Glocke im Turm stammt aus dem hohen Mittelalter. Die Jeetzeler Kirche zählt zu den „Perlen des Wendlands".

One of the charming half-timbered churches of Hanoverian Wendland is to be found south of Lüchow in the village of Jeetzel, which lies close to the river of the same name. To the right one can see the chancel, built on a base of natural stone, in the centre the brick-filled half-timbering, and to the right the lean-to wooden bell-tower, which still retains its hand-sawn oak board panelling. A mighty lime tree overshadows it. The bell in the tower dates back to the Middle Ages. Jeetzel church is one of the "pearls of the Wendland region".

Die Heide literarisch

Das Bild der Lüneburger Heide ist auch von bekannten Dichtern und Schriftstellern geprägt worden, zum Teil von Personen, die bereits von Kindesbeinen an mit der Heidelandschaft vertraut waren. Hier sind die Brüder Friedrich (1849–1929) und August Freudenthal (1851–1898) zu nennen.
Friedrich, der ältere, ist in Fallingbostel geboren, verlebte jedoch seine Kindheit in Fintel. Er begann seine Berufslaufbahn als Schreiber bei einem Gerichtsvogt. Dann meldete er sich freiwillig zum Militär und kämpfte in Langensalza gegen die Preußen. Nach einem zweijährigen Zwischenspiel als Postgehilfe landete er erneut im grauen Rock und nahm am deutsch-französischen Feldzug von 1870/71 teil. Als Invalide entlassen, fand er Beschäftigung in einem Kontor. 1890 übernahm er die väterliche Stelle als Landwirt. Seine ersten plattdeutschen Geschichten aus der Heide („Bi'n Für") sind 1879 erschienen, es folgten viele Bände mit Erzählungen und Gedichten, auch in hochdeutscher Sprache. Freudenthals Werke stellen ihn an die Seite der anderen deutschen Dorfgeschichtenschreiber, wie Ferdinand Auerbach und Peter Rosegger. Die Heimatverbundenheit dieses „glühenden Welfen" schilderte der Maler Frido Witte. Mit ihm hatte der Dichter einmal in den Dörfern um Fintel alte Häuser mit offenen Feuerstellen aufgespürt: „Es war schon Spätherbst und auch früh dunkel. Schon von weitem sahen wir durch die offene, große Tür das Feuer brennen. Wir steuerten zum Feuerplatz, wo die ganze Familie in der Dämmerung zusammensaß, und setzten uns mitten unter sie. Es war ein wundervolles Bild, wie die Leute, die rings um das Feuer saßen, über dem der ‚Grapen' hing, von der Flamme beleuchtet wurden, wie der Rauch durch die große Diele zog, wie das letzte Licht von außen durch die kleinen, blinden Fensterscheiben fiel..."

1895 begründete Friedrich Freudenthal mit seinem Bruder die Halbmonatsschrift „Niedersachsen", deren alte Jahrgänge immer wieder eine wahre Fundgrube sind. Friedrichs Bruder August, ebenfalls in Fallingbostel geboren, erkundete von Bremen aus das Heidegebiet. Er beschrieb seine Beobachtungen in den „Heidefahrten", die seit 1890 erschienen und an Fontanes „Wanderungen durch die Mark Brandenburg" erinnern. „Wie das Meer, so hat auch die Heide ihren magischen Zauber", lautete das Motto. August Freudenthal hat zwischen 1890 und 1897 zwei Bände mit dem Titel „Aus Niedersachsen" herausgegeben, darin sind poetische, prosaische, volks- und landeskundliche Beiträge enthalten, zum Beispiel über den „Weinbau in der Lüneburger Heide" und die „Hochzeitsbräuche im nördlichen Hannover". Heutzutage eine Rarität ist seine Anthologie „Die Heide. Stimmungs- und Lebensbilder in Dichtungen / mit vielen bislang ungedruckten Beiträgen lebender Dichter / Bremen 1890". Darin abgedruckt sind nicht weniger als 227 Gedichte, thematisch in Gruppen geordnet.
Was für ein Unterschied zum heutigen mit Blouson und bequemem Schuhwerk ausgerüsteten Wanderer: Fotografien von damals zeigen die Herren auf ihren Heidefahrten in dunklen Straßenanzügen und mit Bowler. Und so wurde eine ihrer Exkursionen beendet: „Warm in Pferdedecken und Überzieher gehüllt, da der Abend recht kühl war, erreichten wir rauchend und plaudernd gegen 12 Uhr abends das gastliche Soltau, wo wir ... im Freundeskreis einigen Flaschen echten Soltauer Fruchtchampagners (Röders carte blanche) die Hälse brachen und das Böhmetal, die Zentralheide und das Städtchen Soltau in der Heide hochleben ließen."
„Da hinten in der Haide", mehr im Südteil der Landschaft, schweifte auch Hermann Löns (1866–1914) umher. „Bunt" ist das zu ihm passende Stichwort, denn abwechslungsreich und schillernd war das Leben des Schriftstellers. Einige seiner Bücher spiegeln das wider: „Mein grünes Buch" (1901), „Mein braunes Buch" (1906), „Mein blaues Buch" (1909)

und schließlich „Mein buntes Buch" (1913). Farbenfroh geht es auch in seinen volkstümlichen Liedern zu, die von der grünen Heide erzählen. Eine bunte Palette bildeten ebenso seine beruflichen Neigungen, denn er war Zoologe, Jäger, Natur- und Landschaftsschützer, zugleich Journalist, Feuilletonist, Erzähler, Liedermacher und Romancier.
Hermann Löns wurde am 29. August 1866 im westpreußischen Culm geboren. Schon als Schüler verfaßte er eine Studie über die heimische Vogelwelt, fasziniert vom Zauber der Natur und der Suche nach dem Ursprünglichen. In Münster, Greifswald und Göttingen studierte er Naturwissenschaften und Medizin, ohne jedoch die Studiengänge abzuschließen. Er befaßte sich mit Käfern, Schnecken, Muscheln und Holzwürmern, erkannte jedoch bald, daß ihn dieser Weg nicht weiterbrachte. Er faßte Fuß als Re-

In Hermann Löns fanden die Bewohner der Lüneburger Heide ihren Dichter und Sänger. Er gehörte auch zu den ersten, die für die Idee des Naturschutzparks eintraten. Er zeigte die vielfältige Schönheit der Heide auf.

The inhabitants of the Lüneburg Heath found in Hermann Löns their poet and singer. He was one of the first people to support the idea of turning it into a national park. He portrayed the ever-changing beauty of the Heath.

dakteur; zuletzt lebte Löns als freier Schriftsteller in Hannover. Die Jagd war seine große Leidenschaft. August Freudenthal und die Tafelrunde im Gasthaus „Zum Oertzetal" in Müden/Oertze haben ihm den Zauber der „Haide" nahegebracht. Warum diese ungewohnte Schreibweise? „Ich weiß wohl", schrieb Hermann Löns, „daß es nach der heutigen Orthographie fehlerhaft ist. Aber das Wort ‚Haide' mit ‚ai' sieht für mich viel malerischer und poetischer aus."
Seine Jagd- und Tiergeschichten, die Romane und Lieder erlangten sehr große Popularität. Sein Hauptverleger Adolf Sponholtz hat die Gesamtauflage der in seinem Verlag erschienenen Titel auf 6,5 Millionen Exemplare geschätzt. Löns' Werke entstanden während kurzer, aber sehr kreativer Schaffensperioden. Nicht nur Heidebilder, Pirschgang und Bauernleben sind die Themen des Schriftstellers Hermann Löns. Er beobachtete auch die Arbeit der Dampfpflüge oder das Leben der Menschen auf einem Torfkahn. Ebenso erörterte er die unliebsamen Folgen der Erdölbohrungen am Südrand der Heide. Hinter dem Romantitel „Da hinten in der Haide" verbirgt sich keine Idylle, sondern eine handfeste, abenteuerliche Geschichte.
Zuwenig wahrgenommen wird sein Wirken im Sinne des Natur-, Heimat- und Landschaftsschutzes. Deutlich sah er die Probleme des Massentourismus voraus; er griff zum Stilmittel der Satire, als die Heide in Mode kam: „Es regnete Menschen, es hagelte Volk. Sie... rissen das blühende Haidkraut ab... Gesangvereine erschienen und erfüllten die Luft mit Getöse." Die Verschmutzung der Landschaft wurde von ihm schon als Problem erkannt, als es noch keine Getränkedosen gab. Hermann Löns hatte auch den Aufruf zur Schaffung von Naturschutzparks mitunterzeichnet und verfaßte um 1912 eine Schilderung der Heide für eine Werbeschrift, die dem ersten deutschen Naturschutzpark in der Lüneburger Heide galt.
Löns' andere Seite waren seine Volkslieder, von Fritz Jöde vertont. Sie fanden große Resonanz in der Jugendbewegung, in Vereinen und wurden als Marschbegleitung gesungen. Wohl nach dem Vorbild einer schweizerischen Sammlung „Röseligarte" von 1908 sind die Lieder 1911 unter dem Titel „Der kleine Rosengarten" erschienen. Als Kriegsfreiwilliger fiel Hermann Löns am 26. September 1914 bei Reims in Frankreich.
Auch die Dichterin Annette von Droste-Hülshoff (1797–1848) hatte sich mit ihren „Heidebildern" einer allgemein „noch nicht poetisierten" Landschaft zugewandt. Ihr Vorbild ist zwar die Heide im Münsterland gewesen, aber eben doch die „Steppe", die ärmlichen und ein wenig unheimlichen Gebiete des Landes, in denen „der schwankende Wacholder flüstert, die Binse rauscht, die Heide knistert". Die atemberaubende Sprachkraft der Dichterin, die oft aus dem Halluzinativen gespeist scheint, läßt keine süßliche Romantik aufkommen. Im Gegenteil: „O, schaurig war's in der Heide!"
Auch Theodor Storm (1817–1888) erwähnte die „Gräbermale" in einem der schönsten Heidegedichte überhaupt („Abseits", 1853). Ebenso hat er in seinen Prosaarbeiten dem Erlebnis dieser Landschaft Ausdruck verliehen: Er beschrieb den Blick „über die Steppe, wie sie sich endlos nach allen Richtungen hinauszog, starr, einförmig, mit rotem Schimmer ganz bedeckt" („Ein grünes Blatt", 1850). Auch in der „Chronik von Grieshuus" (1883/84) erzählt der Schriftsteller Theodor Storm von der Heide und „ihrer ganzen feierlichen Einsamkeit".
Mit Diedrich Speckmann (1872–1938) begegnet uns ein Heimat- und Heideschriftsteller, der von Kind auf mit Land und Leuten vertraut war. Aufgewachsen als Pfarrerssohn in Müden/Oertze und Schneverdingen, studierte er ebenfalls Theologie und übernahm eine Pfarrstelle im Teufelsmoor. 1910 gab er sie auf und lebte von da an als freier Schriftsteller in Fischerhude. Romantitel wie „Heidjers Heimkehr" (1904), „Heidehof Lohe" (1906) oder „Das goldene Tor" (1907) waren sehr erfolgreich; ihre Auflagen gingen in die Hunderttausende. Die zeitgenössischen Rezipienten lobten die Schlichtheit, die Wärme und die tiefe Frömmigkeit seiner Werke. Sie entsprachen einer ausgeprägten geistigen Strömung und stießen offenbar wie die Löns-Schriften auf großes Interesse. Diedrich Speckmann gehörte auch zu denen, die sich für die Idee des Naturschutzparks einsetzten.
Auch der in Hamburg geborene Schriftsteller Arno Schmidt (1914–79) muß genannt werden, der sich in Bargfeld bei Celle niederließ; Haus und Archiv sind bei Voranmeldung zugänglich. Einige seiner Geschichten spielen in der „Haide". Wie bei Hermann Löns wird das Wort Heide auch bei ihm mit „ai" geschrieben. Arno Schmidt wies auf den Dichter Samuel Christian Pape (1774–1817) hin, der in Visselhövede seine „Haidejugend" verbracht hat. „Dörflich glomm die Butzenscheibe des Mondes hinterm Wacholder, warm und still" („Brand's Haide", 1951), lautet eine der bei Arno Schmidt seltenen Beschreibungen der Landschaft.
Der Berliner Maler und Dichter Matthias Koeppel (geb. 1937) schrieb ein Gedicht in „starck-deutscher" Sprache, zu dessen Entzifferung zum Schluß ermuntert werden soll:

Ünn dr Launepurrgur Haude
harrt monn kannz pezundre Fraude:
die Wanduren ont Tourastn
dorch die leilur Haude haßßdn.
Sullpst dr stülle Jaigurr fleuchtit,
wönn ärr die Tourastn seuchtit.
Darrfur hochch amm Hmmulszullt
onnz dr Deusnjaigur knullt.

Zum Landschaftserlebnis der Heide gehört auch, das Atmosphärische dieses Naturraums auf sich wirken zu lassen. In einem Geographiebuch vom Ende des letzten Jahrhunderts werden das Spiel der „flammenden Wolken“ über der Heide bei Sonnenuntergang und das „verglimmende Abendrot“ geschildert. Die Heide ist mit mildem Klima gesegnet, empfängt reichlich Niederschläge, es gibt aber auch relativ viele Sonnenstunden. Die feuchte Luft während des Frühjahrs und im Winter ist wichtig für den Wuchs des Heidekrauts und begünstigt die schöne Winterstimmung in der schneebedeckten Heide. Auch zu dieser Jahreszeit bietet diese Landschaft eindrucksvolle Naturerlebnisse.

One of the delights of the Heath is simply to soak up the atmosphere of the natural landscape. A turn of the century geography book describes the sunset game of the “flaming clouds” over the Heath and the “fading red of evening”. The Heath is blessed with a mild climate and receives plenty of rain, but also enjoys a comparatively large number of hours of sunlight. The damp air of spring and winter is important for the growth of the heather and contributes toward the splendid winter atmosphere of the snow-covered Heath. This too is a season when the countryside has much to offer by way of impressive experiences of nature.

Nordsee
Ostsee
Holstein
Lübeck
Flensburg
A 23
A 7
A 1
Mecklenburg
Schwerin
Altes Land
Hamburg
Bremervörde
Buxtehude
Winsen (Luhe)
Lauenburg
A 24
Berlin
Rotenburg - Bremervörde
Buchholz
Elbe & Heide
Hanstedt
Landkreis Lüneburg
Lüneburg
Luhe
Rotenburg (Wümme)
Wümme
Schneverdingen
Amelinghausen
Bad Bevensen
Hitzacker
Elbe
Bremen
Heidekreis Soltau - Fallingbostel
Soltau
Visselhövede
Erlebniskreis Uelzen
Elbufer-Drawehn
Gartow
Münster
An Aller & Weser
Uelzen
Lüchow
Verden
A 27
Fallingbostel
Walsrode
Bodenteich
Oertze
Hermannsburg
Celler Land
Elbe - Seitenkanal
Hankensbüttel
Altmark
Nienburg
Celle
Aller
Leine
Südheide Gifhorn
Wolfsburg
A 352
Gifhorn
Weser
Mittellandkanal
Hannover
A 39
Braunschweig
Weserbergland
Dortmund
A 2
Kassel